विचारों की पोटली

प्रशासनिक, सामाजिक, सांस्कृतिक, आर्थिक, और राजनीतिक समस्याओं के समाधान

बिजय कुमार

notionpress
.com
INDIA · SINGAPORE · MALAYSIA

ISBN 979-8-90207-746-6

अंतर्वस्तु

प्रस्तावना *5*

लेखक परिचय *9*

विषय प्रवेश *11*

आभार *17*

1 प्रकृति 19

2 ग्रामीण विकास 31

3 शिक्षा 47

4 स्वास्थ्य 65

5 चुनाव पद्धति 81

6 सामाजिक व्यवस्था 95

7 विधि व्यवस्था 109

8 स्थानीय प्रजातंत्र 123

9 पंचायती राज व्यवस्था 137

10 खेल 149

11	स्थानीय अर्थव्यवस्था	161
12	संस्कृति	175
13	फिल्म निर्माण, पर्यटन एवं सूचना प्रसार	193

प्रस्तावना

विचारों की पोटली पुस्तक की नींव मजाक-मजाक में पड़ी। घर में सामाजिक समारोह का आयोजन किया गया था, जहां पर प्रबुद्धजन का जमावड़ा भी लगा था। लोग आपस में सामाजिक, आर्थिक, राजनीतिक जैसे मुद्दों पर अपने-अपने समूह में चर्चा कर रहे थे। मैं व्यवस्थापक था, तो घूम-घूम कर कई समूहों में आ-जा रहा था। उसी दौरान एक समूह की चर्चा में आवेश आना प्रारम्भ हो गया, तो मै वहां गया और कहा कि गंभीर मुद्दों पर चर्चा के दौरान आवेश में आने की आवश्यकता नही है; अगर वे मुद्दे इतने महत्वपूर्ण हैं, तो उसे कलमबद्ध किया जाना चाहिए और आम लोगो तक पहुंचाया जाना चाहिए, ताकि और लोग भी इसका फायदा उठा सके। तब क्या था-सभी ने वह जिम्मेदारी मुझे ही सौंप दी और पड़ गयी नींव 'विचारों की पोटली' की।

इस पोटली को सृजित करने के लिए प्रश्नावली तैयार कर समाज के प्रबुद्ध लोगों से भरवाया गया। अपने महत्वपूर्ण प्रशासनिक पदों में रहते हुए प्राप्त अनुभव को कागज पर उकेरा गया। साथ ही, कई प्रशासनिक पदों पर रहने के दौरान विषय विशेषज्ञो से भी राय ली जाती रही, ताकि विचार ज्यादा से ज्यादा समावेशी बन सके।

विषय वस्तु का चयन महत्वपूर्ण चुनौती थी, परन्तु लोगों की चर्चा में रहे विषय को ही अन्ततः चुना गया जो ग्रामीण परिवेश में प्रखण्ड स्तर तक ही घुमता हुआ दिखाई पड़ता है। विचारों को ग्लोबल करने का प्रयास नही किया गया, अपितु स्थानीयता को ध्यान में रखते हुए ही विचारो का ताना-बाना बुना गया है।

जाहिर सी बात है कि विषय वस्तु में प्रकृति, ग्रामीण विकास, पंचायतीराज, विधिव्यवस्था, शिक्षा, स्वास्थ्य, खेल, संस्कृति, सामाजिक व्यवस्था, चुनाव व्यवस्था, अर्थव्यवस्था और प्रशासनिक व्यवस्था जैसे विषय समाहित किए गए है जो ग्रामीण परिवेश में अक्सर अनुभव करने को मिलता है।

उक्त विषय वस्तु को संकरा करते हुए छोटे-छोटे बावन शीर्षक तैयार किए गए, जो ग्रामीणों के जीवन से सीधे सरोकार रखता है। उन बावन शीर्षकों में एक सौ पचास विचारों पर दी गई विशेषज्ञ राय में चितंन करने और उसे व्यवहारिक रूप से धरती पर उतारने का प्रयास करने से ही बहुत हद तक ग्रामीण जीवन शैली में सुधार देखा जा सकता है।

इस पुस्तक की रचना करने के लिए तेरह अध्याय का सृजित किया गया है और प्रत्येक अध्याय में तीन से पांच शीर्षक देकर विषय वस्तु में पिरोया गया है। साथ ही, प्रत्येक शीर्षक को तीन-तीन भागों में बांटा गया है-यथा वर्तमान परिदृश्य, आम राय और विशेषज्ञ राय।

वर्तमान परिदृश्य के अन्तर्गत विषय वस्तु के शीर्षक को वर्तमान दृष्टिपटल से अवलोकन कर समस्या को रखने का प्रयास करते हुए उनसे संबंधित नियम-कानून को भी समाहित किया गया है।

आम राय के अन्तर्गत समस्याओं की वर्तमान परिदृश्य में समाज के सम्बन्धित वर्गो द्वारा अलग-अलग दृष्टिकोण से भिन्न-भिन्न विचार रखे

गये है जो उनके व्यक्तिगत विचार है। कई बार ऐसे विचार भी प्राप्त हुए जिसमें सम्पादकीय कैंची चलाने की आवश्यकता पड़ी हैं।

विशेषज्ञ राय के अन्तर्गत अपने लम्बी प्रशासनिक अनुभव के दृष्टिकोण को रखा गया है। कई सारे ऐसे अनुभव साझा किये गये हैं, जो खुद स्वयं पर बीती है तथा कुछ ऐसे अनुभव भी हैं जो विशेषज्ञों से मिलते-जुलते आत्मशात् कर लिये गये हैं। उन सभी अनुभवों को पुस्तक 'विचारो की पोटली: प्रशासनिक, सामाजिक, सांस्कृतिक, आर्थिक, और राजनीतिक समस्याओं के समाधान' में उकेरने का मौका मिला है।

अन्त में यह बात बताना अनिवार्य होगा कि पुस्तक 'विचारो की पोटली: प्रशासनिक, सामाजिक, सांस्कृतिक, आर्थिक, और राजनीतिक समस्याओं के समाधान' के विचार अपने आप में सम्पूर्ण नहीं हैं, यह सिर्फ एक अंश है, जिसके बहुत सारे आयाम हो सकते है। उन विचारो के अवलोकन से यह भी प्रतीत हो सकता है कि कई सारे तथ्य छोड़ दिए गए है, हम ऐसे शुभेच्छु पाठकों से क्षमा याचना चाहते है और अनुरोध करते हैं कि वे अपना कीमती समय निकाल कर अपनी प्रतिक्रिया अवश्य दें, ताकि आने वाले संस्करण में उन प्रतिक्रियाओं के रूप में प्राप्त विचारों से संशोधित संस्करण को अलंकृत किया जा सके।

धन्यवाद

लेखक

बिजय कुमार (JAS)

रांची

14/04/2026

लेखक परिचय

बिजय कुमार

आप रांची विश्वविद्यालय से मनोविज्ञान में स्नातक की उपाधि प्राप्त करने के उपरांत दिल्ली विश्वविद्यालय के कैम्पस लॉ सेंटर (सी. एल.सी.) से स्नातक (विधि) हैं। आपने दिल्ली एवं जयपुर में आई०ए० एस० आकांक्षियों को मनोविज्ञान एवं सामान्य अध्ययन पढ़ाया है। उसी दौरान, ढिल्लन प्रकाशन, दिल्ली के द्वारा प्रकाशित Geography:A Question Bank नामक पुस्तक का सह-लेखक भी रहे है। आप झारखण्ड प्रशासनिक सेवा के अधिकारी है। आपने विभिन्न प्रखण्डों में प्रखण्ड विकास पदाधिकारी, अंचल अधिकारी और बाल विकास परियोजना पदाधिकारी के पदों पर रह कर जन-सेवा के साथ-साथ विकास कार्यों से जुड़े रहें हैं। आपने अनुमण्डल स्तर पर अनुमण्डल पदाधिकारी के रूप में चुनाव कार्य एवं विधि-व्यवस्था की महत्वपूर्ण जिम्मेदारी का निर्वहन किया है। इसके अलावा, जिला स्तर पर अतिरिक्त जिला भू-अर्जन पदाधिकारी एवं जिला परिवहन पदाधिकारी के रूप में भी सेवा प्रदान कर भू-राजस्व और परिवहन जैसे महत्वपूर्ण विषयों पर अपना छाप समाज में छोड़ी है। संप्रति उप परिवहन आयुक्त सह सचिव उत्तरी छोटानागपुर प्रमंडल, हजारीबाग के पद पर कार्यरत है।

आपकी विशेष रुचि शिक्षा एवं मानव सेवा में रहीं है। शिक्षा के क्षेत्र में आपने विद्यालय प्रबंधकों, शिक्षकों एवं विद्यार्थियों को अपने 'स्वतः स्फूर्त अध्ययन' (Effortless Study) के व्याख्यान से प्रभावित किया है। आपने सरकारी विद्यालयों में पढ़ाई कर रहे बच्चों कीं नवोदय विद्यालय में प्रवेश हेतु अध्यापन का कार्य भी किया है। 'स्वतः स्फूर्त अध्ययन' के साथ साथ 'संवेदनशील शिक्षा' (Education with Sensitivity),'सृजनात्मक शिक्षा (Education with Creativity) और रोजगारपरक शिक्षा (Employment Oriented Education) भी आपका पसंदीदा विषय रहा है।

आप मानव प्रेमी रहे हैं। वृद्धों और जरूरतमंदों की सेवा करना आपकी प्राथमिकता रही है। आपने सीधी सेवा (Direct Service) की नीव रखते हुए वृद्धों की सेवा कर उनका आशीर्वाद पाया है।

विषय प्रवेश

किसी भी पुस्तक की रचना करने में विषय वस्तु का चयन महत्वपूर्ण होता है। वो भी, जब सामान्य विकास की बात हो, तो वैसे में यह निर्धारित करना और कठिन हो जाता है कि समग्रता पूर्वक विषय वस्तु का चयन कर 'गागर में सागर' कैसे भरा जाये।

इसलिए प्रारम्भ करते हैं।

अघ्याय 1: प्रकृति से। धरती, आकाश, जल, पशु-पक्षी-सभी को आधार बना कर उसका संरक्षण और विकास की रूपरेखा तैयार की गई है। प्रकृति के अन्तर्गत जल,वृक्ष, खनन, प्राकृतिक आपदा रखे गये हैं।

उसके बाद आता है-अघ्याय 2: "ग्रामीण विकास" इसलिए आवश्यक हो जाता है, क्योकि अधिकांश आबादी ग्रामों में वास करती है। सड़क, विद्त पानी, खेती जैसे विषय प्रत्येक व्यक्ति को छूते हैं। और इसके बगैर विकास की परिकल्पना नहीं की जा संकती। अतः ग्रामीण विकास के अन्तर्गत सड़क, विद्त, पीने योग्य पानी, खेती बिन्दओं पर विचार रखे गये है।

जहां परिवार है वहां बच्चा भी है। जहां बच्चे है, वहां बालपन भी है, संवेदनशीलता भौर सहिष्णुता भी है। शिक्षा देने की दौरान मध्यान्न भोजन की उपलब्धता क्षुधा पेट को भरने का मौका मिलता है और बच्चे को पढ़ने में मन भी लगता है। जब हम शिक्षा की बात करते हैं, तो संवेदनशील शिक्षा, सृजनात्मक शिक्षा, स्वतःस्फूर्त शिक्षा और कौशल विकास शिक्षा की अवश्य चर्चा होनी चाहिए। अतः इन सभी बिन्दओं को समाहित करने के उद्देश्य से शिक्षा के अध्याय 3: में स्कूली शिक्षा, गुणवत्तापूर्ण शिक्षा, मध्याह्न भोजन, सवंदेनशीलता एवं सहिष्णुता रखे गये हैं।

स्वस्थ शरीर में स्वस्थ मन का वास होता है। वैसे में स्वस्थ शरीर को पाने के लिए किए जा रहे प्रयास और उसमें आने वाली अड़चनों को भी चर्चा करने की आवयकता होती है, ताकि उसके अनुकूल निदान निकल सके। इन्ही सभी बिंदुओं का समावेश करने हेतु जीवनशैली स्वास्थ्य समस्याएं, कुपोषण, स्वच्छता, नेत्रदान-अंगदान जैसे संवेदनशील विषय को उठाया है, जिससे इन बिंदुओं पर परिचर्चा हो सके। वाद-विवाद होकर क्रियान्वयन की स्थिति में ठोस पहल हो सके। अध्याय: 4 स्वास्थ्य में जीवन शैली जनित रोग, कुपोषण, स्वच्छता, अंग प्रत्यारोपण की चर्चा की गई है।

शिक्षा, स्वास्थ्य के बाद महत्वपूर्ण कड़ी है-अध्याय 5: चुनाव पद्धति पर बूथ व्यवस्था से लेकर आदर्श आचार संहिता, चुनाव प्रचार और चुनाव के दिन के गतिविधियों और उसकी समस्याओं पर विस्तार से चर्चा की गई है, साथ ही उन समस्याओं का समाधान भी बतलाया गया है।

जब समाज विकारवत होने लगता है, तो कुछ कुरीतियां भी देखने को मिलने लगती हैं, बाल श्रम, बाल विवाह, धर्म परिवर्तन, पशु तस्करी जैसे कुछ ऐसे संवेदनशील मामले है, जिन पर चर्चा आति आवश्यक हो जाती है। बाल श्रम और बाल विवाह सामाजिक असमंजस्य की

स्थिति पैदा करते हैं-जीने की आवश्यकता और समुचित रूप से जीने की आवश्यकता का कश्मकश; पशु तस्करी की बगैर भाषा के, अपने विचार व्यक्त नही कर पाने वाले के विचार है, जिसमें वृहद् मंथन की आवश्यकता है; इन्ही सब विन्दओं पर अध्याय: 6 सामाजिक व्यवस्था का ताना बाना बुना गया है।

जहां भीड़ है वहां भीड़ के प्रबंधन की आवश्यकता है। जहाँ विकास है, वहां पर कुछ असंतोष का होना भी स्वभाविक है, ऐसे में सड़क जाम, धरना प्रदर्शन, उग्र भीड़, जुलूस आदि आम बात हो जाते हैं, जिसे प्रशासनिक ताकत से ज्यादा विवेक का उपयोग कर संभालने की आवश्यकता पड़ती है। अतः विधि के साथ-साथ सदियों से चली आ रही 'व्यवस्था' को भी संभालने की जिम्मेदारी आ जाती है। ऐसे में अध्याय: 7 विधि-व्यवस्था हेतु विशेष अध्याय तैयार किया गया है।

जहां भीड़ है वहां शासक वर्ग की ओर प्रशासक वर्ग भी, उनकी कार्य शैली भी समाज को प्रभावित करती है, साथ ही प्रशासनिक वर्ग में सिविल एवं पुलिस महाकमा की व्यवस्था बहुतायत में आम जीवन को प्रभावित करती है। प्रशासनिक पदाधिकारियों का व्यक्तिगत ग्रोथ भी व्यवस्था को प्रभावित करता है। शासनिक व्यवस्था और न्यायायिक व्यवस्था बहुत हद तक आम जीवन को प्रभावित करते हैं। खासकर न्याय मिलने में देर होना समाज में कुष्ठा को विकसित करने में मदद करता है। अतः इन्हीं सब विन्दओं पर अध्याय: 8 स्थानीय प्रजातंत्र में चर्चा की गई है और समाधान भी बतलाए गए हैं। साथ ही, मीडिया की समस्याएं एवं उनके समाधान पर भी चर्चा एवं समाधान दिये गये हैं।

शासकीय व्यवस्था विकसित करने हेतु निष्पक्ष चुनाव अति आवश्यक है। इसके लिए, ग्राम स्तर पर पंचायती राज व्यवस्था की व्यवस्था सुद्दढ़ होना आवश्यक है। पंचायत राज के अंतर्गत भौतिक संसाधन एवं मानव संसाधन के अलावा पंचायत राज अधिनियम पर चर्चा को केन्द्रित किया गया है। पंचायत राज व्यवस्था कैसे भौतिक एवं

मानक संसाधन को समुचित रूप से प्रबंधन कर सकती है। सशक्त ग्राम सभा कैसे पूरी व्यवस्था को सुद्दढ़ कर सकता है। इन्ही सब विन्दओं पर अध्याय: 9 पंचायती राज में चर्चा एवं समाधान दी गई है।

इसमे अगली कड़ी है अध्याय: 10 खेल। खेलने से मन और तन दोनो स्वस्थ होते हैं। सामुहिकता का एहसास दिलाता है और एकजुटता से कुछ भी सतिल कर सकने की प्रेरणा भी देता है। परन्तु खिलाड़ी और कोच जैसे मानव संसाधन पर ध्यान नहीं दिया जाए और भौतिक संसाधन में ध्यान नही दिया जाए, तो समुचित खेल पॉलिसी का निर्माण नहीं हो सकता। अतः इन बिन्दओ को समाहित करने हेतु मानव संसाधन, भौतिक संसाधन, खेल पॉलिसी पर चर्चा की गई है।

गांधी जी का सपना-ग्रामों व स्व-आश्रित होना; आज भी उतनी ही प्रासंगिक है जितना आजादी से पूर्व। ग्रामों की स्वपूर्ति; बैंकिंग व्यवस्था, सहकारिता और परंपरागत व्यवसाय को सुद्दढ़ करना आज की आवश्यकता बन गई है। ग्रामों का कम से कम शहरों पर आश्रित होना, बैंकिंग व्यवस्था का आर्थिक विकास के लिए समुचित-उपयोग, सहकारीता को पुनः अभियान बनाकर जन शक्ति का आर्थिक विकास के लिए उपयोग और परंपरागत व्यवसाय को देकर कौशल-दक्षता को बढ़ाने की दिशा में कार्य करने की आवश्यकता है, जिसे प्रमुखता से परिचर्या में शामिल करते हुए अध्याय: 11 स्थानीय अर्थव्यवस्था में व्यवहारिक समाधान प्रस्तुत किया गया है।

अध्याय: 12 संस्कृति की। जहां पर परम्परागत अराध्य वस्त्र, आभूषण, भोज्य एवं पेय के साथ-साथ वृद्धों के सम्मान पर विशेष ध्यान दिया गया है। संस्कृति के इस अध्याय में बताया गया है कि कला, संगीत, भाषा और साहित्य जीने के महत्वपूर्ण पहलू हैं-कला और संगीत अन्तर्मन की भावनाओ को रंग एवं ध्वनि के माध्यम से उजागर करते हैं। वही भाषा और साहित्य शब्दों के माध्यम से भावनाओं को उकेरते हैं। अगर ऐसा नहीं होता है, तो मन बोझिल लगता है और अन्य कार्य

में समुचित रूप से ध्यान नहीं लगता। अतः कला, संगीत, भाषा और साहित्य के अन्तर्गत परम्परागत कला एवं संगीत, स्थानीय भाषा एवं साहित्य विचारों को समावेश किया गया है।

मनोरंजन के साथ-साथ शिक्षा प्राप्त करने के लिए फिल्म एवं पर्यटन महत्वपूर्ण साधन है। फिल्म निर्माण से मनोरंजन के क्षेत्र में विकास होने की काफी संभावना है। पर्यटन को बढ़ावा देने पर अपने क्षेत्र के प्राकृतिक सौंदर्य एवं ऐतिहासिक धरोहर की रक्षा करने के लिए हम बाध्य हो जाते है। ये राज्य की अर्थव्यवस्था को सुदृढ़ करने में भी मदद करते हैं। जब विकास के कार्य होने लगते हैं या कोई नीति निर्धारण किया जाता है, तो इसकी जानकारी के अभाव में लोगो को लगता है कि सरकार के द्वारा कोई विकास कार्य नही किया जा रहा है। ऐसे में लोगों को जागरूक करने एवं विकास कार्य से अवगत कराने में सूचना प्रसार की आवश्यकता पड़ती है। इन सभी को अध्याय: 13 फिल्म निर्माण, पर्यटन एवं सुचना प्रसार में पिरोया गया है।

आशा है सम्पूर्ण चर्चा-परिचर्चा में भाग लेकर कुछ अपनी सृजनात्मक एवं व्यवहारिक समाधान जोड़कर समाज के विकास को और गति दे पायेंगे।

आभार

पुस्तक लेखन संयम, सहयोग एवं निरंतरता का परिणाम होता है। नियमित रूप से चिन्तन और अनुसंधान करते हुए आपसी सहयोग से पुस्तक मूर्त रूप ले पाती है। निरंतरता बूंद बूंद कर घड़ा भर देता है। अपने व्यस्तम समय से वक्त निकालकर पुस्तक की रचना करना बिना पारिवारिक एवं सामाजिक प्रेरणा के नहीं हो पाता है।

पुस्तक 'विचारो की पोटली: प्रशासनिक, सामाजिक, सांस्कृतिक, आर्थिक, और राजनीतिक समस्याओं के समाधान' लिखने की महत्वपूर्ण प्रेरणास्त्रोत स्व0 प्रशांत मंडल (2017) रहे, जिनकी धर्मपत्नी ममता कुमारी का लगातार सहयोग मिलता रहा एवं उनके द्वारा हमेशा पुस्तक लेखन को लेकर उत्साहवर्धन किया गया जिसके लिए उन्हें हृदय से आभार। इसके अलावा, परीक्षित मंडल, श्यामानंद वत्स, सर्वजित झा और शशिकान्त गुप्ता प्रेरक के रूप में कार्य करते रहे। उनके द्वारा इस पुस्तक के लेखन को लगातार प्रगति की रूप रेखा ली गई। जब भी रूकते, तो आगे बढ़ने की याद दिला दी जाती जिससे पुस्तक पूर्ण करने की प्रेरणा मिलती रहती।

दीपिका पांडेय सिंह, विंदु मंडल, राजेश झा, सुरजित झा, प्रेमनन्दन साह, देवेन्द्र सिंह, गजाधर सिंह, अजीत कुमार, सीमोन मरांडी, जोसेफ बेसरा, धनश्याम यादव, रघुनाथ यादव, महादेव मड़ैया, सुरेश साह आदि

के विचार प्राप्त हुए। आपके विचार के बगैर पुस्तक अधूरी ही रहती। आप सब को आभार।

डॉ. गिरजा भूषण, वन्दना दुबे, जगन्नाथ प्रसाद, कृष्णा दास, फादर जौसलेट आदि के भी विचार प्राप्त हुए, जो पुस्तक के आयाम को बढ़ाने में मददगार रहे। आप सब को आभार।

निरभ किशोर, अभय कुमार पलिवार और नवीन कुमार झा आदि का भी अपेक्षित सहयोग प्राप्त हुआ। आप सब को हृदय से आभार प्रकट करते हैं कि आपके सहयोग से पुस्तक 'विचारो की पोटली: प्रशासनिक, सामाजिक, सांस्कृतिक, आर्थिक, और राजनीतिक समस्याओं के समाधान' को साकार रूप प्राप्त हुआ।

परिवार के सदस्य धर्मपत्नी, पुत्र एवं पुत्री के सहयोग के वगैर पुस्तक लेखन पूर्ण नहीं हो पाता। उन्हें भी आभार। इसके अलावा अपने भाई-बहन एवं परिवार के अन्य सदस्यों को आभार जिनका प्रेरणा लगातार मिलता रहा।

सम्पूर्ण विचार सृजित करने में बहुत सारे विद्वान, विशेषज्ञ, और गोड्डा जिला के पोड़ैयाहाट अंचल के आम और खास जिनसे इसकी चर्चा की गई, विचार समाहित किये गये, आप सभी को हृदय से आभार। सम्पूर्ण पुस्तक को धैर्यपूर्वक टाइप करने के निमित्त अभिषेक कुमार सिंह एवं प्रूफ रीडिंग के लिए दीपेश कुमार का आभार प्रकट करते हैं।

श्री भूवनेश प्रताप सिंह (भा0प्र0से0) एवं श्री रणेन्द्र कुमार (भा0प्र0से0) के सुझाव से पूरी पुस्तक के तथ्यों पर पुनः अनुसंधान कर संशोधित करने का प्रेरणा मिली। आपको हदय से आभार।

श्री रघुवर दास, पूर्व राज्यपाल उड़ीसा ने अपने व्यस्ततम दिनचर्या में से समय निक़ालकर हस्तलिपि को पढ़ अपना कथ्य लिखकर मनोबल को बढ़ाया, उन्हे भी हदय से आभार।

– बिजय कुमार

1
प्रकृति

प्रकृति जीवन की अमूल्य धरोहर है। जल-जंगल-जमीन पशु-पक्षी आदि सब कुछ प्रकृति के अंग हैं। कला-संस्कृति, खेल-कूद आदि भी प्रकृति पर निहित है। हम अपनी सारी आवश्यकताओं और जरूरतों की पूर्त्ति प्रकृति से कर लेते हैं, चूंकि हम सोच सकते हैं, विचार कर सकते हैं और अपने स्वार्थपरक निर्णय भी ले सकते हैं, परन्तु इसके विपरीत जब 'गूंगी प्रकृति' अत्यधिक दोहन को बर्दाश्त नही कर पाती है, तो प्राकृतिक आपदा लाकर अपने असंतुलित दोहन का प्रतिकार करती है।

जल

जल है तो जीवन है। जल के अनेक श्रोत लुप्त होते जा रहे है। वाटर-लेबल घटता जा रहा है। ग्रामीण स्तर पर तालाब और कूप सूखते जा रहे हैं, बारिश के जलीय बहाव को हम रोक नही पा रहे हैं। जल जमाव की समुचित व्यवस्था कैसे हो सकती है? जल संरक्षण के लिए क्या क्या कदम उठाये जा सकते हैं?

कुछ लोग यह कहते है कि दैनिक जीवन में जल की महत्ता को कम नहीं आंका जा सकता है। खेत में जल के अभाव से कृषि प्रभावित

होती है, मवेशी पालना कठिन हो जाता है, पक्षियों की चहचहाट भी विलुप्त होने लगती है और दैनिक जीवन प्रभावित हो जाता है। हम जल की पूजा करते हैं, नदियों को मां कहकर पुकारते हैं-जैसे गंगा मईया। परन्तु, इसका संचयन करने में हम विफल हैं। जल स्तर इतना नीचे होता जा रहा है कि कितने सारे चपाकल बेकार पड़े हैं, उनमें पानी ही नही है। कुछ लोग यह भी मानते है कि ग्रामीण क्षेत्रों में वर्षा के पानी का बहाव रोकने हेतु बांध, पोखर एवं डोभा आदि के निर्माण में प्राथमिकता देना चाहिए तथा शहरी क्षेत्रों में वर्षा के पानी को रोकने के लिए सोखता गड्ढा प्रत्येक मकान के लिए अनिवार्य कर दिया जाना चाहिए।

जल जमाव उसकी धारा पर आश्रित है और धारा भू-प्रकृति पर। अतः पहाड़ी क्षेत्र, पठारी क्षेत्र और समतल क्षेत्र में अलग-अलग व्यवस्था अपेक्षित है। लेकिन, विषम भू-प्रकृति को ध्यान में रखते हुए तथा मानसून के स्वभाव को देखते हुए क्षेत्र विशेष के लिए 'वाटर बजट' बनाने की आवश्यकता है, ताकि पानी के खर्च को नियंत्रित किया जा सके तथा आवश्कतानुसार जल-श्रोत विकसित किया जा सके। वाटर बजट का मतलब किसी विशेष क्षेत्र में पानी के आगमन और निर्गमन का संतुलन बनाए रखने की एक प्रणाली है, जो वित्तीय बजट के संकल्पना में काम करती है। भारत में पहला वाटर बजट केरल राज्य ने 17 अप्रैल 2023 को अपनाया था। यह पानी की कमी के समाधान के साथ-साथ पानी के संसाधनों के प्रभावी कमी को दूर करने और समान पानी वितरण सुनिश्चित करने के लिए अपनाया गया है। झारखण्ड में भी जल प्रबंधन में आवश्यक सुधार करने के लिए केरल की तर्ज पर वाटर बजट के सिद्धांत को अपनाया जा सकता है। वाटर बजट बनाकर वैज्ञानिक तरीके से जल शिक्षा दी जा सकती है।

वाटर बजट की पद्धति को अपनाकर पानी की कमी का समाधान किया जा सकता है।

कम पानी में होने वाले कृषि यथा ज्वार, बाजरा, गोंदली, मक्का आदि के उपज को बढ़ावा देना चाहिए। मोटे अनाज की खेती को बढ़ावा देने हेतु राजस्थान सरकार के द्वारा राजस्थान मिलेट प्रोत्साहन मिशन लाया गया है, जिससे वह मोटे अनाज के उत्पादन में पूरे देश में पहले स्थान पर है।

कम पानी में होने वाले कृषि यथा ज्वार, बाजरा, गोंदली, मक्का आदि के उपज को बढ़ावा दिया जा सकता है।

वृक्ष

झारखण्ड की संस्कृतिक विरासत जंगल में छिपी है। लोग वृक्षों की पूजा करते हैं, उसमें जीवन यापन के लिए आश्रित होते हैं। फिर भी, बहुत सारे विकास कार्यो में वृक्ष काटना मजबूरी हो जाती है जैसे-सड़क, रेल एवं अन्य निर्माण कार्य। बढ़ती आबादी और फैलता मानव वर्चस्व भी वृक्षों की संख्या दिनो-दिन घटा रहा है। वृक्ष लगाने में लोगों की रुचि का अभाव दिखता है और कुछ लोग वृक्ष लगाना भी चाहते हैं, तो उन्हें मुश्किल से कुछ नर्सरी दिखाई पड़ती है, जहाँ से पेड़-पौधे प्राप्त करने की आजादी हो। आखिर वृक्ष कटने और विकास कार्य में सामंजन कैसे बैठाया जाय?

कुछ लोग यह कहते है कि बिना वृक्ष के शुद्ध हवा और बिना शुद्ध हवा के जीवन ही संभव नही है। वृक्ष के अभाव में प्रकृति का संतुलन भी नही बनाया जा सकता है। यदि विकास कार्यो के लिए वृक्ष काटना आवश्यक ही हो, तो पहले वृक्ष लगना चाहिए। कुछ लोग यह भी मानते है कि रैयती भूमि में वन रोपण को बढ़ावा मिलना चाहिए, चूंकि बहुत सारे ऐसे रैयत हैं जो कृषि नही करते हैं और बहुत सारी ऐसी भूमि है जो कृषि योग्य नही हैं। जो कृषि योग्य भूमि नही है उसकी पहचान कर उसपर वृक्षारोपण का कार्य वृहद रूप से किया जाना चाहिए। कुछ

लोगों का यह भी मानना है कि वृक्ष प्राप्त करने में सर्वसुलभता होनी चाहिए। कई बार हम चाहते है कि अपनी भूमि पर वृक्ष लगाएं, परन्तु उसकी अनुपलब्धता के कारण हम वैसा नही कर पाते हैं। वृक्षों की अवैध कटाई पर रोक भी सख्ती से लगनी चाहिए।

प्रकृति संतुलन के लिए वृक्ष अति-आवश्यक हैं। आवश्यक विकास कार्य हेतु वृक्ष काटने के पूर्व 'पहले दो लगे फिर एक कटे' का सिद्धांत लागू होना चाहिए। ऐसा इसलिए क्योंकि निर्माण कार्य का रास्ता साफ हो जाने पर वृक्ष लगाने पर अनावश्यक कोताही बरती जाती है, समय बर्बाद किया जाता है और कई बार उसे लगाया भी नही जाता है। साथ ही वृहद रूप से वृक्षारोपन करने वाले व्यक्ति विशेष की पहचान कर प्रोत्साहित करने की भी आवश्यकता है। राजस्थान सरकार के द्वारा पर्यावरण संरक्षण और सतत विकास में योगदान के लिए राजीव गांधी पर्यावरण संरक्षण पुरस्कार एवं पौधारोपण को बढ़ावा देने के लिए छत्तीसगढ़ सरकार के द्वारा हरिहर छत्तीसगढ़ पुरस्कार योजना चलाई गयी है। इसी प्रकार झारखण्ड में भी प्रोत्साहन योजना शुरू करने की आवश्यकता है।

वृक्षारोपन को बढ़ावा देने के लिए वृक्षारोपन से जुड़े व्यक्ति को प्रोत्साहित करने हेतु पुरस्कृत किया जा सकता है।

कृषि के लिए अयोग्य भूमि के लिए उचित वृक्ष-किस्म का वृक्षारोपण पर जोर दिया जाना चाहिए। इससे नये वृक्षारोपन प्रक्षेत्र का दायरा बढ़ेगा और हमे वृक्ष लगाने हेतु स्थान की कमी नही होगी। उत्तराखंड राज्य में वन विभाग द्वारा अयोग्य भूमि पर जापान की मियावाकी तकनीक का उपयोग कर पौधारोपण किया जा रहा है। मियावाकी तकनीक के तहत, स्थानीय प्रजातियों के पौधों को बहुत पास-पास लगाया जाता है, जिससे वे तेजी से बढ़ते हैं और कुछ ही वर्षों में जंगल का रूप धर लेते हैं।

अयोग्य भूमि पर जापान की मियावाकी तकनीक का उपयोग कर पौधारोपण किया जा सकता है।

वृक्षों की सर्वसुलभता के लिए ग्रामवार नर्सरी की व्यवस्था होनी चाहिए, ताकि वृक्ष का अभाव वृक्षारोपण न होने का कारण न बने। ऐसी व्यवस्था मध्य प्रदेश में है, जहां वन विभाग द्वारा पौधों का संरक्षण और वृक्षारोपण किया जा रहा है। मध्य प्रदेश सरकार ने वन पंचायतों के माध्यम से ग्रामीण क्षेत्रों में पौधों का संरक्षण और वृक्षारोपण करने के लिए कई कदम उठाए हैं। ग्रामवार नर्सरी में स्थानीय प्रजातियों के पौधे तैयार किए जाते हैं और उन्हें ग्रामीण क्षेत्रों में वितरित किया जाता है।

वृक्षों की सर्वसुलभता के लिए ग्रामवार नर्सरी की व्यवस्था किया जा सकता है।

खनन

खनन राजस्व संग्रहण के प्रमुख संसाधन है। पत्थर, बालू, कोयला एवं अन्य खनिज तत्व का खनन लगातार हो रहा है। राजस्व की वसूली भी हो रही है। परन्तु, खनन के उपरांत व्यवस्थापन का कार्य दयनीय हालत में पहुंच गया है जिसके कारण आये दिन दुर्घटना होती रहती है। बालू का उत्खनन करते समय पुल, पुलिया, कूप आदि का भी ध्यान नही दिया जाता है, जिससे उसके ध्वस्त होने का खतरा बन जाता है। कोयले के अवैध उत्खनन के मामले में कितनी हत्याएं हो चुकी हैं। विकास परक उत्खनन कैसे संभव है?

कुछ लोग यह कहते है कि खनन का कार्य कठिन है। मजदूरों का जीवन भी उसी तरह से ढल जाता है। फैक्टरी के निरंतर कार्य, अस्वच्छ माहौल में कार्य का वातावरण, और सुविधा का अभाव मजदूरों के लिए और भी जटिल स्थिति उत्पन्न करती है। भूमि के व्यवस्थापन के पूर्व मजदूरों के हालात सुधारने की आवश्यकता है। यह बात सही है कि

उत्खनन के उपरांत अधिकांश स्थल को यूं ही छोड़ दिया जाता है। उन बड़े-बड़े गड्ढे में गंदे जल का जमाव होता है, माल मवेशी उस गंदे जल को पीते है। जो वृहद पैमाने पर रोग को आमंत्रण देते हैं। कुछ लोग यह भी कहते है कि अधिकांश बालू घाट का क्षेत्र कर्णांकित नही है; यदि कहीं-कहीं क्षेत्र कर्णांकित किया भी गया है, तो उसकी जानकारी स्थानीय लोगों को नही होती है। ऐसे में टेंडरधारी या अन्य के द्वारा अवैध कारोबार को बढ़ावा मिलता है। कुछ लोगों का यह भी मानना है कि छोटे-छोटे बालू घाट स्थानीय स्वायतत्ता के अधीन होना चाहिए। हमें अपना मकान बनाने के लिए बालू खरीदने की आवश्यकता नही पड़नी चाहिए। ऐसे बालू घाटों का संचालन ग्राम सभा से होना चाहिए। कुछ लोग यह भी मानते है कि कोयले के अवैध उत्खनन का मामला अधिकांशतः वर्चस्व की लड़ाई से संबंधित है, जो हत्या में परिणत हो जाती है। जब दो समूह या उससे अधिक समूह एक स्थल पर पहुंचकर वगैर अनुमति के उत्खनन प्रारम्भ करते हैं, तो 'अभिरूचि द्वन्द' के कारण झगड़ा बढ़ता है।

खनन के माहौल में कार्य करने हेतु खनन अधिनियम का अनुपालन सख्ती से किया जाना चाहिए तथा परिवर्तनशील समय को ध्यान में रखकर अधिनियम में आवश्यक संशोधन भी किया जाना चाहिए। इस अधिनियम का अनुपालन कर स्वास्थ्य परक वातावरण का निर्माण किया जाना चाहिए।

खनन अधिनियम का अनुपालन कर खनन क्षेत्र में स्वास्थ्य परक वातावरण का निर्माण किया जा सकता है।

उत्खनन उपरांत उक्त स्थल को विकसित कर पर्यटन स्थल का स्वरूप दिया जाना चाहिए, ताकि 'ध्यान नही दिए गए स्थल' का सौंदर्यीकरण हो तथा स्वास्थ्य परक वातावरण तैयार कर जल जमाव वाले स्थल पर बोटिंग आदि की व्यवस्था हो। वैसे स्थल जिसका

स्वास्थ्यपरक विकास संभव नहीं हो, उसे समतल कर पुनः सरकार को वापस कर दिया जाना चाहिए, ताकि उसका समुचित उपयोग किया जा सके। इसके अलावा, ईको टूरिज्म को बढ़ावा देने हेतु खदानों को प्राकृतिक आवासों में बदलकर, परित्यक्त खदानों को झील, आर्द्रभूमि या जंगल में बदलते हुए वन्यजीवों के लिए एक नया आवास बनाकर, एवं मनोरंजन के लिए खदानों के आसपास के क्षेत्रों में लंबी पैदल यात्रा ट्रेल्स, रॉक क्लाइम्बिंग, माउंटेन बाइकिंग या अन्य मनोरंजक गतिविधियों के लिए सुविधाएं बनाई जा सकती हैं। कुछ खदानों में खनन इतिहास से संबंधित सांस्कृतिक और ऐतिहासिक महत्व को दर्शाते हुए इन स्थलों को संग्रहालयों या पर्यटन केंद्रों में बदला जा सकता है एवं खदानों के आसपास के क्षेत्रों में पर्यावरण शिक्षा और जागरूकता कार्यक्रम भी चलाए जा सकते हैं।

उत्खनित खनिज स्थल को विकसित कर पर्यटन स्थल का स्वरूप दिया जा सकता है।

कार्यरत मजदूरों का तत्काल स्वास्थ्य लाभ के लिए 'मोबाईल अस्पताल' की व्यवस्था की जानी चाहिए। खनन क्षेत्र में मोबाईल अस्पताल, जिसे मोबाईल मेडिकल यूनिट भी कहते है, एक विशेष रूप से सुसज्जित वाहन है, जो दूरदराज और दुर्गम खनन क्षेत्रों में स्वास्थ्य सेवाएं प्रदान करता है। यह वाहन प्राथमिक चिकित्सा, स्वास्थ्य जांच और आवश्यक चिकित्सा उपचार प्रदान करने के लिए सुसज्जित होती हैं, जिससे खनन श्रमिकों को स्वास्थ्य सेवाएं आसानी से उपलब्ध होती हैं। गुजरात सरकार के द्वारा खनन क्षेत्रों में मोबाईल मेडिकल यूनिट चलाई जा रही हैं।

कार्यरत मजदूरों को तत्काल स्वास्थ्य लाभ देने के लिए 'मोबाईल अस्पताल' की व्यवस्था की जा सकती है।

प्राकृतिक आपदा

प्राकृतिक आपदा की क्षतिपूर्त्ति की पॉलिसी निर्धारित है, परन्तु उससे लोग संतुष्ट नही हैं। आपदा प्रबंधन में हमारी कोई अग्रिम अभिरूचि दिखाई नहीं देती। फलतः इस दिशा में आग लगने पर कुआं खोदने वाली कहावत चरितार्थ होती दिखाई पड़ती है। प्राकृतिक आपदा के मामले में त्वरित मुआवजा का भुगतान कैसे संभव हो? प्राकृतिक आपदा हमारी आर्थिक स्थिति को तबाह कर देती है। झारखण्ड पहाड़ी क्षेत्र में बसा है; ओलावृष्टि और वज्रपात का प्रकोप अत्यधिक देखने को मिलता है; खेत-खलिहान में आगलगी का मामला भी बहुतायत संख्या में द्रष्टव्य है।

ओलावृष्टि एक प्राकृतिक आपदा है, जिसमें आकाश से बर्फ के गोले गिरते हैं। ये गोले बड़े हो सकते हैं और फसलों, वाहनों और इमारतों को क्षति पहुंचा सकते हैं। ओलावृष्टि अक्सर गरज के साथ होती है और यह एक खतरनाक मौसम की घटना साबित हो सकती है। वज्रपात एक प्राकृतिक घटना है, जिसमें बिजली के साथ भारी बारिश और तेज हवाएं आती हैं। यह आमतौर पर मानसून के मौसम में या गर्मियों के अंत में होता है। वज्रपात के दौरान बिजली की चमक और गर्जन सुनाई देती है, जो कभी-कभी जानलेवा भी होती है और खेत खलिहान में काम कर रहे लोगों को चपेट में ले लेती है, जिससे घटना स्थल पर ही व्यक्ति की मृत्यु हो जाती है। आगलगी एक प्राकृतिक आपदा है जो जंगलों, खेतों या अन्य क्षेत्रों में अनियंत्रित आग लगने से होती है। यह एक गंभीर समस्या हो सकती है, जो पर्यावरण, संपत्ति और मानव जीवन को नुकसान पहुंचा सकती है।

कुछ लोग यह कहते है इस क्षेत्र में ओलावृष्टि से बचने का उपाय अवश्य करना चाहिए। फसल लगाने के उपरांत प्रकृति के कहर से बड़े-बड़े बर्फ के गोले फसल पर पड़ने से सारी फसल बर्बाद हो जाती है, पूरा खेत का खेत बर्फ के गोले से पट जाता है। फसल के ठिठूरने से फसल

आबाद नही हो पाती और हमारी पूरी पूँजी बर्बाद हो जाती है। उन्हें बैंक लोन चुकता करने में बहुत परेशानी होती है, वे कर्जे में डूब चुके होते हैं। इस पर भी जब सरकार मुआवजे की घोषणा करती है तो प्रशासन की लापरवाही से समय पर भुगतान नही हो पाता है। कुछ लोग यह भी कहते है कि संताल परगना प्रमण्डल में वज्रपात के बहुत सारे मामले होते है। घर के कमाऊ सदस्य की मृत्यु हो जाने पर घर आर्थिक रूप से तबाह हो जाता है। सरकार के द्वारा प्रति-मृतक परिवार के सदस्य को चार लाख रूपया का प्रावधान तो है, परन्तु वह समय से नही मिल पाता तथा अग्रिम के अभाव में श्राद्ध-कर्म आदि में भी परेशानी होती है। कुछ लोग यह भी मानते है कि आगलगी के मामले संताल परगना में बहुत देखने को मिलते है, खासकर उस समय जब फसल-कटनी के उपरांत खलिहान खेत पर पड़ा होता है। सामान्य रूप से आगलगी का कारण पता नही चल पाता है, जो अनुसंधान के उपरांत पता चलता है। परन्तु आगलगी से घर का वर्त्तन-बासन, कपड़ा, खाना-पीना, छत आदि सब जलकर खाक हो जाते हैं और हम आसमान के नीचे सोने के लिए विवश हो जाते हैं। हमें तत्काल कोई राहत नही मिल पाती तथा बाद में जो मुआवजा राशि भी मिलती है तो वह इतनी कम होती है कि पुनर्व्यवस्थापन का कार्य बहुत कठिन हो जाता है।

प्राकृतिक आपदा के मामले में त्वरित मुआवजा भुगतान की व्यवस्था करना अति-आवश्यक है। ओलावृष्टि में मुआवजा के भुगतान में भूमि का आकलन करना एक जटिल समस्या हो जाती है। अतः इसकी अग्रिम तैयारी आवश्यक है। विशेषकर संताल परगना प्रमण्डल में विक्रयशील भूमि बहुत कम होने, भूमि का बंटवारा कई पुस्तों से नही होने तथा बहुतायत में उत्तराधिकार-नामंतरण नहीं होने के कारण भूमि इजमाल/संयुक्त रह जाता है। परन्तु जब मुआवजे की बारी आती है तो सभी फरिकन को बंटवारे के अनुसार मुआवजा देने की आवश्यकता पड़ती है। अंचल प्रशासन के द्वारा इसकी अग्रिम तैयारी की जा सकती

है-जमाबंदीवार सत्यापित वंशावली तैयार कर निरंतर अद्यतन करने से। मौजावार वंशावली पंजी निर्माण कर निरंतर अद्यतन करने से भूमि का मूल आधार अग्रिम ज्ञात होगा तथा उसमें अद्यतन फसल लगने का आकलन होने पर त्वरित गति से मुआवजा का भुगतान संभव होगा।

प्रत्येक मौजा में जमाबंदीवार सत्यापित वंशावली तैयार कर निरंतर अद्यतन करने पर त्वरित गति से मुआवजा भुगतान संभव हो सकता है।

प्राकृतिक आपदा से मृत्यु होने पर, चार लाख रूपये प्रति मृतक के आश्रित को मुआवजा देने का प्रावधान है। प्रथमदृष्टया प्रमाणित होने पर अग्रिम अवश्य दिया जाना चाहिए। इसके लिए अग्रिम का प्रावधान करना अति आवश्यक है। अधिकांशतः कार्यालय में अग्रिम राशि के अभाव में आवंटित राशि विचलन कर दी जाती है। अतः आपदा प्रबंधन हेतु अंचल कार्यालय में अग्रिम राशि की व्यवस्था के निमित 'आपदा राहत बैंक' का गठन किया जाना चाहिए। इसके अलावा, आपदा प्रबंधन बीमा योजना भी लागू किया जा सकता है जो नागालैंड में लागू है।

अंचल कार्यालय में अग्रिम राशि की व्यवस्था के निमित 'आपदा राहत बैंक'का गठन किया जा सकता है एवं आपदा प्रबंधन बीमा योजना भी लागू किया जा सकता है।

संक्षेप में

जल

घटते हुए वाटर टेबल की समुचित व्यवस्था के लिए 'वाटर बजट' बनाने की आवश्यकता है। सथ ही, जल शिक्षा को बढ़ावा देते हुए कम पानी में होने वाले कृषि का अध्ययन कर उसे खेती-बारी में उपयोग करना चाहिए तथा मोटे अनाज की खेती को बढ़ावा देना चाहिए।

वृक्ष

विकास कार्यो के लिए यदि वृक्ष काटना जरूरी हो, तो प्रकृति संतुलन बनाने के लिए 'पहले दो लगे फिर एक कटे' का सिद्धान्त अपनाना चाहिए। ग्रामवार नर्सरी की व्यवस्था होनी चाहिए और वृहद रूप से वृक्षारोपन करने वाले 'व्यक्ति विशेष' की पहचान कर प्रोत्साहित किया जाना चाहिए।

खनन

विकास परक उत्खनन के लिए खनन अधिनियम में आवश्यक संशोधन कर सख्ती से अनुपालन किया जाना चाहिए। उत्खनन उपरांत उक्त स्थल को पर्यटन स्थल का स्वरूप देकर ईको टूरिज्म को बढ़ावा दिया जाना चाहिए। कार्यरत मजदूरों के तत्काल स्वास्थ्य लाभ के लिए 'मोबाईल अस्पताल' की व्यवस्था की जानी चाहिए।

प्राकृतिक आपदा

प्राकृतिक आपदा मानव नियंत्रण से परे है, परन्तु इससे होने वाली क्षति का समुचित आकलन करते हुए मुआवजा भुगतान कर क्षतिपूर्ति किया जा सकता है। इसके लिए, जमाबंदीवार सत्यापित वंशावली तैयार कर निरंतर अद्यतन किया जाना चाहिए। साथ ही, अग्रिम राशि की व्यवस्था के निमित 'आपदा राहत बैंक' का गठन भी किया जाना चाहिए।

2

ग्रामीण विकास

झारखण्ड की पृष्ठभूमि मुख्यतः ग्रामीण है। यहाँ के लोग प्रमुखतः शर्मीले स्वभाव के हैं। जल जंगल, जमीन ही यहां की जीवनशैली का आधार है। फलतः सड़क, बिजली पानी एवं खेती के विकास का जायजा करने से बहुतायत स्थिति में ग्रामीण विकास का आकलन किया जा सकता है। बहुत सारे ऐसे ग्राम अभी भी हैं, जहां पर सड़क की पहुंच नही है। कई टोले ऐसे मिल जाते हैं, जहां पर बिजली की पहुंच नहीं है, पीने का पानी तो अभी भी कई घरों में मुहैया नही हो पाया है। सिंचाई के सीमित साधन होने एवं पढ़े-लिखे लोगों का किसानी से नही जुड़ पाने के कारण परामपरागत खेती-बारी ही चल रही है।

सड़क

2011 की जनगणना के अनुसार, झारखंड में 32,620 गांव हैं, जिनमें से केवल 8,484 गांव ही सड़कों से जुड़े हैं। इसका मतलब है कि बड़ी संख्या में गांव अभी भी सड़क संपर्क से वंचित हैं। विगत 15 वर्षो में बहुत सारे गांव नई सड़कों से जुड़े हैं, परन्तु अब भी ऐसे गांव होने से इन्कार नहीं किया जा सकता है। अब भी ग्रामीणों को नदी-नाला पार कर शहर की ओर आना पड़ता है। यदि ग्रामीण सड़क बनती भी है तो

वहां समस्या आती है-भूमि की उपलब्धता की। भूमि के भी कई प्रकार हैं यथा-वन भूमि, रैयती भूमि, गैरमजरूआ भूमि आदि। वन भूमि के संदर्भ में वन अधिकार अधिनियम की जानकारी का अभाव दिखता है तथा रैयती भूमि में इच्छा शक्ति का अभाव और गैरमजरूआ भूमि तो धीरे-धीरे खत्म होती चली जा रही है। साथ ही, सड़क निर्माण में प्लानिंग का सर्वथा अभाव दिखता है। ऐसे ग्रामों में सड़क का निर्माण कैसे संभव हो?

कुछ लोग यह मानते है कि विकास की पहली सीढ़ी सड़क है। इतिहास के पन्ने पलटने से भी ज्ञात होता है कि सड़क के किनारे पर बसावट तेजी से होता है, चूंकि आवागमन के साधन हो जाने से जीवन की आवश्यक वस्तुएं आसानी से उपलब्ध हो जाती हैं। कुछ लोग यह कहते है कि सड़क के अभाव में स्वास्थ्य-सेवा गांव में आसानी से नहीं पहुंच पाती है। सरकारी कर्मी ऐसी जगहों में जाना पसंद नहीं करते हैं। कुछ लोग यह भी कहते हैं कि भूमि की उपलब्धता कोई समस्या नही है। नक्शे में खतियानी सड़क दर्ज है; उसका कोई अतिक्रमण नही है; लोग उसी सड़क का आवागमन के लिए उपयोग भी कर रहे है, फिर भी सड़क का निर्माण नहीं किया जाना आश्चर्यजनक है। प्रधानमंत्री ग्राम सड़क योजना के अन्तर्गत काफी सड़के बनी है; परन्तु कुछ सड़कों को जन-प्रतिनिधियों द्वारा इसलिए अनुशंसा नही की गई है, क्योंकि उस गांव के लोगों ने उक्त जन-प्रतिनिधि को वोट नही दिया है। इसके कारण वैसे जन-प्रतिनिधि क्षेत्र में दिखाई भी नही पड़ते हैं। प्रशासनिक पदाधिकारी को जब इसकी जानकारी दी जाती है तो उसका सर्वे कराने, विस्तृत प्रोजेक्ट प्रतिवेदन आदि का निर्माण कराने में कोई अभिरूचि नही दिखाई जाती है, जिसके कारण सड़क नही बन पाती है।

झारखंड में प्रधानमंत्री ग्राम सड़क योजना के तहत, 10,904 किलोमीटर सड़कों का निर्माण पूरा हो चुका है। इसके अलावा, ग्रामीण कार्य विभाग द्वारा राज्य संपोषित योजनाओं और अन्य माध्यमों से 21,562 किलोमीटर सड़कों का निर्माण किया जा चुका है। इस योजना

के तहत, मैदानी क्षेत्रों में 500 से अधिक और पहाड़ी क्षेत्रों में 250 या उससे अधिक की आबादी वाले आवासों को सड़क संपर्क प्रदान किया जाता है। ज्ञात हो कि प्रधानमंत्री ग्राम सड़क योजना में, सड़क निर्माण के लिए बस्तियों का चयन 2001 की जनगणना के अनुसार जनसंख्या और अन्य मानदंडों के आधार पर किया जाता है। इसके बाद, पंचायती राज संस्थाओं और निर्वाचित प्रतिनिधियों को शामिल करते हुए एक परामर्श प्रक्रिया के माध्यम से प्राथमिकता सूची तैयार की जाती है। परन्तु सड़क विहीन ग्रामों को चिन्हित करने हेतु पंचायती राज अधिनियम के अन्तर्गत होने वाले ग्राम सभा को सशक्त करने की आवश्यकता है। सूचना का प्रेषण नीचे से ऊपर की ओर किया जाना चाहिए, ताकि वैसे छूटे हुए ग्रामों में सड़क की व्यवस्था की जा सके।

ग्राम सभा को सशक्त बनाकर सड़क विहीन ग्रामों को चिन्हित कर सड़क निर्माण किया जा सकता है।

क्रियान्वयन के स्तर पर एक सबसे बड़ी बाधा भूमि की उपलब्धता है। इसके लिए तीनों तरह की भूमि की उपलब्धता ससमय होना अति-आवश्यक हो जाता है। गैरमजरूआ भूमि के लिए ग्राम सभा से पारित हो, रैयती भूमि के लिए रैयत भूमि देने के लिए तैयार हों और वन अधिकार समिति के द्वारा वन भूमि की उपलब्धता सुनिश्चित हो। ज्ञात हो कि वन अधिकार अधिनियम, 2006 के तहत, सड़क निर्माण के लिए वन भूमि की उपलब्धता कुछ शर्तों के अधीन है। मुख्य रूप से, ग्राम सभा की सहमति और वन (संरक्षण) अधिनियम, 1980 के प्रावधानों का पालन करना आवश्यक है। इसके अलावा, क्षतिपूरक वनीकरण और अन्य आवश्यक अनुपालनाएँ भी सुनिश्चित की जानी चाहिए। वन (संरक्षण) अधिनियम, 1980 के तहत, गैर-वानिकी उद्देश्यों के लिए वन भूमि के उपयोग के लिए केंद्र सरकार की पूर्व स्वीकृति आवश्यक है, जिसकी प्रक्रिया सरल करते हुए सिंगल विंडो सिस्टम लागू किया जा सकता है।

सड़क निर्माण हेतु भूमि अधिग्रहण की प्रक्रिया को सरल करते हुए सिंगल विंडो सिस्टम लागू किया जा सकता है।

विद्युत

किसी भी क्षेत्र के विकास का प्रथम स्रोत ऊर्जा ही है। ऊर्जा जैसे संसाधन की उपलब्धता में एक बाधा भू-अधिग्रहण है। विद्त उत्पादन के संदर्भ में भू-अधिग्रहण प्रक्रिया सरल होने की आवश्यकता है। विद्त वितरण एवं उसका प्रबंधन के संदर्भ में एक बात स्पष्ट है कि विद्त चोरी धड़ल्ले से देखी जाती है; विद्त की क्षति पुराने केबल कनेक्शन के कारण भी देखी जाती है, राजस्व जमा करने में आम रैयतों की कोताही आम बात है। ऐसी परिस्थिति में विकास की परिकल्पना कैसे हो सकती है?

ऊर्जा की उपलब्धता के लिए विद्त उत्पादन किया जाना चाहिए तथा उसके लिए कल-कारखाने बैठाने हेतु भूमि-अधिग्रहण प्रक्रिया सरल होनी चाहिए। गांव वाले इसलिए विद्त चोरी करते हैं कि पड़ोस में बिजली कनेक्शन है और उनके यहां बिजली कनेक्शन नही है। इसलिए टीवी देखने बार-बार पड़ोस में नही जा सकते। गांव में सभी घर में नियमित विद्त हो, तो बिजली चोरी स्वतः खत्म हो जाएगी। गांव वाले इसलिए भी विद्त चोरी करते है कि विद्त वितरण की समस्या दूर नही की गयी और आस-पास में विद्त उपलब्ध है, तो उसका एक ही समाधान है-हूकिंग कर विद्त प्राप्त करना। इससे दुर्घटना होने की समस्या भी होती है, कई बार विभाग के द्वारा प्राथमिकी भी दर्ज कर दी जाती है, परन्तु बिजली तो चाहिए।

कुछ लोग यह कहते है कि बिना विद्त का मानव-जीवन तो बेकार हो जाता है। मात्र कुछ घंटे बिजली रहने के कारण मोबाईल सेवा, स्वास्थ्य सेवा, पढ़ाई-लिखाई, पानी, भोजन आदि सभी की समस्या उत्पन्न हो जाती है। दैनिक जीवन अस्त-व्यस्त हो जाता है। कृषक वर्ग

यह मानता है कि बगैर विद्त के कृषि कार्य बहुत मुश्किल है। सिंचाई के लिए मोटर चलाना आवश्यक है और मोटर चलाने के लिए विद्त आवश्यक है। बिजली की अनियमितता के कारण घंटों समय बर्बाद होता है। कुछ लोग यह भी कहते है कि विद्यार्थी वर्ग को पढ़ाई करने हेतु विद्त की अत्यन्त आवश्यकता है। विद्त के अभाव में बच्चे पढ़ाई हेतु नही बैठते हैं, जिससे उनका वार्षिक परिणाम बिगड़ जाता है। महिलाओं का मानना है कि गृहिणी को सारा कार्य घर में करना है। सीमित भूमि में मकान बने रहने के कारण और घनी आबादी क्षेत्र में सटे-सटे मकान बने रहने के कारण दिन में भी प्रकाश मकान के अन्दर नहीं पहुंच पाता, जिससे काम करने में बहुत परेशानी होती है। आजकल तो बगैर आंगन के मकान बनने से भी प्राकृतिक प्रकाश का अभाव हुआ है।

विद्त की निरंतर उपलब्धता सुनिश्चित करने हेतु 'ऊर्जा प्रबंधन' करने की आवश्यकता है। आबादी बढ़ रही है। गृह कार्य, खेती आदि में मशीनीकरण बढ़ा है। छोटे-छोटे कल कारखाने, कुटीर उद्योग आदि भी गांव में चल रहे हैं। ऐसी स्थिति में ग्रामवार सर्वे कराकर विद्त आवश्यकता का आकलन जरूरी है। साथ ही, यह भी आकलन करने की आवश्यकता है कि वह ऊर्जा पारम्परिक श्रोत से उपलब्ध होगी या वैकल्पिक श्रोत से।

'ऊर्जा प्रबंधन' हेतु ग्रामवार सर्वे कराकर विद्युत आवश्यकता का आकलन कर उसकी आपूर्ति की जा सकती है।

कोई भी सेवा उपलब्ध कराने हेतु राजस्व की आवश्यकता होती है। रैयत ईमानदारी पूर्वक विद्त राजस्व देना सुनिश्चित करें। विद्त का दुरूपयोग न हो, इसके लिए जन जागरूकता अभियान चलाया जाए।

सेवा दुरूस्त करने के लिए '**बिजली एम्बुलेंस**' की व्यवस्था हो। बिजली एम्बुलेंस बिजली से संबंधित आपातकालीन स्थिति में मदद के लिए उपलब्ध एक विशेष वाहन है, जो आमतौर पर सीढ़ी, बिजली के

तार और अन्य आवश्यक उपकरणों से लैस होता है, जिसका उपयोग बिजली के तारों में खराबी, बिजली के झटके या अन्य आपातकालीन स्थितियों में किया जाता है। पुराने केबल निर्धारित अवधि के अन्तर्गत परिवर्तित करने की व्यवस्था हो। केबल की लाइफ के अनुसार उसे स्वतः संज्ञान लेकर परिवर्त्तित किया जाए। भारत में, डायल 1912 बिजली से संबंधित समस्याओं के लिए एक आपातकालीन सेवा है। यह सेवा बिजली आपूर्ति में किसी भी व्यवधान की स्थिति में उपभोक्ताओं को तुरंत सहायता प्रदान करने के लिए है। उपभोक्ता 1912 डायल करके इस सेवा का लाभ उठा सकते हैं। झारखंड में भी डायल 1912 बिजली से संबंधित शिकायतों के लिए एक टोल-फ्री हेल्पलाइन नंबर है। इसका उपयोग बिजली आपूर्ति, बिलिंग, या मीटर रीडिंग से संबंधित किसी भी समस्या की रिपोर्ट करने के लिए किया जा सकता है। इसके प्रति उपभोक्ताओं को जागरूक करते हुए बिजली एम्बुलेंस का उपयोग कर सशक्त बनाया जा सकता है।

विद्युत सेवा दुरूस्त करने के लिए **'बिजली एम्बुलेंस'** की व्यवस्था किया जा सकता है।

विद्त राजस्व में प्रोत्साहन और सजा का प्रावधान विद्त अधिनियम, 2003 में किया गया है। इसके तहत, बिजली चोरी करने वालों को सजा दी जाती है और जो लोग बिजली चोरी की सूचना देते हैं, उन्हें इनाम दिया जाता है, परन्तु विद्त राजस्व वसूली को दुरूस्त करने के लिए जो व्यक्ति निरंतर राजस्व ससमय जमा करते है, उन्हे सार्वजनिक कार्यक्रम में पुरस्कृत करना चाहिए और जो व्यक्ति राजस्व ससमय जमा नही करते हैं या जमा ही नही करते हैं, तो उनका नाम भी सार्वजनिक किया जाना चाहिए।

निरंतर विद्युत् राजस्व ससमय जमा करने वाले व्यक्तियों को प्रोत्साहित करने के लिए सार्वजनिक स्थल पर पुरस्कृत किया जा सकता है।

पीने योग्य पानी

ग्रामीण विकास के लिए पानी एक महत्वपूर्ण आयाम है। पीने का पानी अभी घर-घर नही पहुंचा है। खाना बनाने के लिए अभी भी महिलाओं को पानी लाने के लिए मीलों चलना पड़ता है। कई जगह तो पीने का पानी और सार्वजनिक उपयोग का पानी दोनों का श्रोत एक ही होने के कारण लोग अस्वस्थ्य भी हो जाते हैं। अभी भी, चापाकल सम्पूर्ण आबादी तक नही पहुंचा है; चापाकल के खराब होने पर महीनों तक वह दुरूस्त नहीं हो पाता है। पीने योग्य स्वच्छ पानी सम्पूर्ण आबादी तक कैसे पहुंचाया जा सकता है?

पीने योग्य स्वच्छ पानी घर-घर तक पहुंचाना एक चुनौतीपूर्ण कार्य है। जल जीवन मिशन के अंतर्गत ग्रामीण जलापूर्त्ति योजना के माध्यम से सभी घर तक नल का पानी पहुचाने का कार्य चल रहा है। ग्रामीण जलापूर्ति योजना का मुख्य उद्देश्य ग्रामीण क्षेत्रों में सभी घरों में पाइपलाइन के माध्यम से सुरक्षित पेयजल उपलब्ध कराना है। यह योजना जल जनित बीमारियों को कम करने और ग्रामीण क्षेत्रों में लोगों के जीवन स्तर को बेहतर बनाने में मदद करती है। इस योजना के तहत, ग्राम पंचायतों द्वारा जलापूर्ति की छोटी-छोटी योजनाएं चरणबद्ध तरीके से लागू की जाती हैं।

कुछ लोग यह कहते है कि गांव में खाने-पीने के लिए उपयोग हेतु पानी की किल्लत है। स्थानीय स्तर पर कूप, तालाब और चापाकल आदि मूल साधन हैं, जहां से पानी लाकर खाने-पीने हेतु उपयोग में लाया जाता है। कुछ पुराने कूप हैं, जिसका पानी बहुत ही स्वच्छ है, परन्तु उसका स्तर (तल) बहुत नीचे जा चुका है और वह जर्जर भी हो चुका है। नतीजा

यह है कि सम्पूर्ण गांव को उससे पानी नही मिल पाता। अन्य कूप का निर्माण भी किया गया है, तो उसका पानी स्वच्छ नही है, चूंकि ऊपर से गंदगी जाने का निरंतर श्रोत बना रहता है। कुछ लोग यह भी कहते है कि तालाब और पोखर गांव के किसी सुदूर छोर पर बना होता है, जहां पर जाने हेतु महिलाएं सुबह उठकर कोसों दूर चलती हैं और मिट्टी के घड़े में भरकर पानी लाती है; इससे भींगकर बीमार होने का डर हमेशा बना रहता है और दिन का महत्वपूर्ण समय पानी लाने में ही बीत जाता है। चूंकि वही तालाब व पोखर माल-मवेशी नहाने, स्वयं नहाने, कपड़े साफ करने आदि सभी कार्यो के लिए उपयोग में लाया जाता है। फलतः स्वच्छ पानी का सर्वदा अभाव बना रहता है। कुछ लोग यह भी मानते है कि चापाकल की स्थिति और नाजुक है। एक ही चापाकल पर पचासों परिवार आश्रित है। निरंतर चलते रहने के कारण चापाकल अक्सर खराब हो जाते हैं, जिसे त्वरित गति से दुरूस्त नही करने पर कई दिनों तक चापाकल खराब पड़े रहते हैं, जिससे जीवन दूभर हो जाता है।

स्वच्छ जल की आवश्यकता आमजन को महसूस होनी चाहिए और किसी बड़ी परियोजना को ग्राम सभा से संचालित करने की जिम्मेदारी लेनी चाहिए। परियोजना तैयार कर लाभुक समिति को सौंपने के उपरांत भी निहित स्वार्थ के कारण संचालन असफल हो जाता है। जलकर इसके लिए महत्वपूर्ण साधन है। पंचायती राज अधिनियम के अन्तर्गत स्थानीय स्वायत्त शासन का उपयोग करते हुए परियोजना को स्वःपोषित बनाने की आवश्यकता है। लाभुक स्वयं जलकर निर्धारण कर उसका एकत्रीकरण की व्यवस्था करें तथा प्राप्त राशि को पार्दर्शिता के साथ खर्च कराने एवं परियोजना पर आवश्यक खर्च कर घर-घर तक निरंतर जलापूर्त्ति की व्यवस्था करें। जलकर वसूली के संदर्भ में नगर क्षेत्र की जलकर पॉलिसी ग्रामीण क्षेत्र में उपयोग लायी जा सकती है, परन्तु उसका प्रशासन लाभुक समिति के पास हो।

पंचायती राज अधिनियम के अन्तर्गत जलकर वसूली को स्वःपोषित बनाया जा सकता है।

जल वितरण हेतु बिछे पाईप लाइन दुरूस्त करने हेतु आवश्यक संख्या में पलम्बर की बहाली हो। इसके लिए स्थानीय बेरोजगारों को पलम्बर कार्य मे प्रशिक्षित कर स्वःआश्रित परियोजना का निर्माण किया जा सकता है। ओडिशा में, प्लंबिंग के क्षेत्र में विशेष प्रशिक्षण प्रदान करने के लिए 2006 में स्टेट इंस्टीट्यूट ऑफ प्लंबिंग टेक्नोलॉजी की स्थापना की गई थी। झारखण्ड में भी ऐसी व्यवस्था कर चापाकल मरम्मति का कार्य सशक्त किया सकता है।

स्थानीय बेरोजगारों को पलम्बर कार्य मे प्रशिक्षित कर स्वःआश्रित परियोजना का निर्माण किया जा सकता है।

पुराने कूप का जीर्णोद्वार खतरे से खाली नही होता है। कूप की मरम्मति के दौरान कई बार जहरीली गैस की निकासी का खतरा बना रहता है। अतः आस-पास में 'पीने हेतु पानी के नयें कूप' का निर्माण कराया जाना चाहिए और उसके रख रखाव हेतु ढक्कन-दार व्यवस्था होनी चाहिए, जिसमें सम्पूर्ण कूप को ढक कर सिर्फ पानी निकासी हेतु ढक्कन लगा हो। सार्वजनिक तालाब, पोखर आदि की उपयोगिता के संदर्भ में उसे कर्णांकित करने की आवश्यकता है। ऐसे तालाब/पोखर जहां माल-मवेशी नहा रहे हो, गंदे वस्त्र धोए जाते हों, वाहन आदि धुलने के कार्य किये जाते हों, उस तरह के तालाब/पोखर में ' पानी पीने हेतु वर्जित' बोर्ड लगा हो तथा इसकी चर्चा ग्राम सभा में हो एवं प्रचार प्रसार भी सुनिश्चित हो।

प्रदूषित तालाब/पोखर में 'पानी पीने हेतु वर्जित' बोर्ड लगाया जा सकता है।

पीने के पानी के लिए चापाकल एक महत्वपूर्ण साधन है। ग्रामीण जलापूर्ति योजना के अंतर्गत, 150 की आबादी पर एक चापाकल लगाने का प्रावधान है। इसका उद्देश्य ग्रामीण क्षेत्रों में पर्याप्त और सुरक्षित पेयजल उपलब्ध कराना है। इसके लिए ग्राम सभा द्वारा यह निर्धारित करते हुए ग्राम जल एवं स्वच्छता समिति को प्रस्ताव सौंपे जाते है, जिसके माध्यम से नये चापाकल का अधिष्ठापन किया जाता है। उससे भी ज्यादा महत्वपूर्ण है चापाकल के खराब होने पर उसकी ससमय मरम्मति। इसके लिए 'चापाकल गैंग' बनाने की आवश्यकता है। 'चापाकल गैंग' स्थानीय युवक एवं युवतियों को मामूली तकनीकी प्रशिक्षण देकर बनाया जा सकता है। उस गैंग के सदस्यों का मानदेय निर्धारित करते हुए तकनीकी टूल्स से लैस कर दिया जाए एवं उसका दूरभाष या सम्पर्क सूत्र सुनिश्चित किया जा सकता है। इससे चापाकल की छोटी-छोटी खराबी के लिए स्थानीय व्यवस्था सुनिश्चित हो सकती है।

'चापाकल गैंग' का गठन कर खराब चापाकल को ससमय मरम्मति किया जा सकता है।

खेती

खेती हेतु बीज, खाद, मशीन, ऋण, प्रशिक्षण आदि की पॉलिसी बनती है, परन्तु उससे किसान ही गायब होते हैं, जिससे वास्तविक समस्या पॉलिसी में समाहित नही हो पाती है। किसानों का किसान क्लब स्वःचलित स्थिति में बिल्कुल नही है। साथ ही, इतने जागरुकता कार्यक्रम किए जाते हैं, परन्तु असली किसानों तक उसका लाभ नही पहुंच पाता। साथ ही, जो कम पढे लिखे है, कुछ नही कर सकते, वे किसानी करते है परन्तु इस दिशा में शिक्षित वर्ग को कैसे आकर्षित किया जा सकता है?

किसानों के एक वर्ग का मानना है कि पॉलिसी निर्माण का कार्य अधिकारियों का है एवं उसमें योगदान कर पाना मुश्किल होता है।

परन्तु एक वर्ग यह मानता है कि जो समस्या हम किसान महसूस करते है, उन समस्याओं को अधिकारियों तक अवश्य पहुंचाना चाहिए। इसके लिए मीडिया का उपयोग हो या अधिकारी स्वयं किसानों तक पहुंचें। कुछ लोग यह कहते है कि किसान क्लब की स्थिति अच्छी नहीं होने के कारण यह है कि सभी किसान क्लब के सदस्य बनने में रुचि नही दिखाते हैं, जो किसान क्लब के सदस्य बने भी हैं तो सरकारी कार्यक्रम के बारे में उन्हें कोई जानकारी ही नही होती है। कुछ लोग यह भी मानते है कि कुछ किसान ही आगे-आगे होते है और सारा लाभ वे ही उठा लेते हैं। चूंकि वही लोग ऑफिस जाते है और बाबू लोग से सांठ-गांठ रखते है तथा सरकारी लाभ अपने तक सीमित रखते हैं। कुछ लोगों का मानना है कि ग्राम सभा में जाते है, तो कोई लाभ भी नही होता; उल्टे जो काम कर रहे होते हैं वह भी रूक जाता है या खराब हो जाता है। ग्राम सभा में सब का तो चलता नही है, वहां कुछ लोग का ही वर्चस्व रहता है। कुछ किसानों का मानना है कि खेती करने के लिए पढ़ाई नही, अनुभव की आवश्यकता है। उनके बाप-दादा पढ़े लिखे नही थे, परन्तु जितना कृषि का ज्ञान उनको था, उतना ज्ञान आज के लोगों को नही है। पुराने लोग मिट्टी, खाद, बीज आदि का आकलन देखकर कर लेते थे, परन्तु आज सब के लिए प्रशिक्षण दिया जाता है फिर भी ज्ञान कम ही होता है।

कृषि नीति निर्माण की प्रक्रिया में कई चरण शामिल होते हैं, जिसमें जमीनी स्तर पर समस्याओं की पहचान से लेकर नीतियों को लागू करना और उनका मूल्यांकन करना शामिल है। यह एक कठिन प्रक्रिया है जिसमें किसानों, वैज्ञानिकों, सरकारी अधिकारियों और नीति निर्माताओं के बीच सहयोग और समन्वय बनाने की आवश्यकता होती है। इस प्रकार पॉलिसी निर्माण में ड्रॉफ्ट तैयार करने के उपरांत प्रगतिशील किसानों के साथ गांव में ही बैठक कर पॉलिसी की खूबियों और कमियों की चर्चा होनी चाहिए तथा उन किसानों के द्वारा दिए गए सुझाव को खुले मन से अहं से ऊपर उठकर अधिकारियों को स्वीकार

करना चाहिए। अधिकारी का प्रयास होना चाहिए कि उन्हें नव विकसित तकनीकें से अवगत कराए।

पॉलिसी निर्माण में ड्रॉफ्ट तैयार करने के उपरांत प्रगतिशील किसानों के साथ इसकी खूबियों और कमियों की चर्चा कर आवश्यक संशोधन किया जा सकता है।

प्रत्येक किसान को किसान क्लब का सदस्य होना अनिवार्य होना चाहिए। किसानों तक सरकारी लाभ पहुंचाने में परिदर्शिता होनी चाहिए तथा किसानों की आवश्यकताओं का आकलन कर मांग के अनुसार आपूर्त्ति होनी चाहिए। किसान क्लब के सदस्यों को चाहिए कि प्रत्येक दिन सुनिश्चित अवधि में चर्चा के लिए बैठें, अन्यथा साप्ताहिक रूप से 'किसान चौपाल' निश्चित समय एवं स्थान पर अवश्य आयोजन करें; जिसमें आवश्यकतानुसार विशेषज्ञों को भी आमंत्रित करें। ग्राम सभा को प्रभावशाली बनाने के लिए इसकी महत्ता को समझना अति-आवश्यक है। इसमें उपस्थिति दर्ज करने का तात्पर्य यह नही किया जाए कि यह महज समय की बर्बादी है। हो सकता है उस निर्णय में प्रत्येक के विचार समाहित न हों, परन्तु यह तो निश्चित है कि गलत निर्णय नहीं हो सकता। इसके लिए आवश्यक है कि इनका साप्ताहिक किसान चौपाल लगना चाहिए तथा सप्ताह में एक दिन पूर्व निधारित समय एवं स्थान पर बैठक अनिवार्य रूप से हो; सप्ताह मे एक दिन से ज्यादा आम लोगो को बैठक मे भाग लेने के लिए बाध्य नही किया जाए।

पूर्व निधारित समय एवं स्थान पर सप्ताह में एक दिन अनिवार्य रूप से साप्ताहिक किसान चौपाल लगाया जा सकता है।

पढ़ाई ज्ञान अर्जित करने की क्षमता को विकसित करती है। एक पढ़ा लिखा व्यक्ति किसी भी अनुभूति को बारीकी से समझ पाता है और उसमें समय कम लगता है। परन्तु वही चीज समझने के लिए कम

पढे-लिखे व्यक्ति को अधिक समय लग सकता है। अनुभव की महत्ता को कम नही आंकते हुए इसकी ग्राह्य क्षमता को विकसित करने हेतु शिक्षित वर्ग को खेती-बारी में जुड़ना चाहिए एवं इसके लिए सरकारी प्रोत्साहन के रूप में कृषि योग्य भूमि अनुदानित दर पर मुहैया कराया जाना चाहिए। विदित हो कि उच्च शिक्षा प्राप्त किसानों की अधिक संख्या के कारण, पंजाब और हरियाणा में आधुनिक कृषि पद्धतियों को अपनाने की दर अधिक है। वे अक्सर सिंचाई, उर्वरक और कीटनाशकों के उपयोग में वैज्ञानिक दृष्टिकोण अपनाते हैं जिसके कारण पंजाब को भारत का अन्न भंडार कहा जाता है एवं हरियाणा को भी कृषि प्रधान राज्य होने का मान्यता प्राप्त है।

शिक्षित वर्ग को खेती-बारी से जोड़ने के लिए सरकारी प्रोत्साहन दिया जा सकता है।

संक्षेप में

सड़क

ग्राम सड़क योजना में पंचायती राज अधिनियम को सख्ती से पालन कर ग्रामों के विकास के लिए ग्रामवार सर्वे कराते हुए भूमि; वन भूमि, रैयती भूमि, गैरमजरूआ भूमिद्ध की समूचित उपलब्धता सुनिश्चित कर सड़क विहीन ग्रामों को सड़क से जोड़ा जा सकता है एवं भूमि अधिग्रहण की प्रक्रिया को सरल करते हुए सिंगल विंडो सिस्टम लागू किया जा सकता है।

विद्युत

विद्त के उत्पादन एवं समुचित वितरण के लिए, 'ऊर्जा प्रबंधन' निर्माण करने की आवश्यकता है। पुराने केबल को निर्धारित अवधि में परिवर्तित करने की आवश्यकता है। साथ ही, डायल 1912 को सशक्त करते हुए 'बिजली एम्बुलेंस' की व्यवस्था कर आपातकालीन स्थिति से निपटा जा सकता है। राजस्व वसूली को सुदृढ बनाने के लिए प्रोत्साहित स्वरूप सार्वजनिक कार्यक्रम में निरंतर एवं ससमय राजस्व जमा करने वाले व्यक्ति को पुरस्कृत किया जाना चाहिए।

पीने योग्य पानी

स्वच्छ पीने योग्य पानी सम्पूर्ण आबादी तकव्यवस्था करने के लिए ग्रामीण जलापूर्ति योजना का सफल प्रबंधन करने की आवश्यकता है तथा इसे स्वः पोषित बनाने के लिए लाभुक स्वयं जलकर निर्धारित करें एवं स्वंय संचालन करें। पलम्बर कार्य का प्रशिक्षण देकर स्थानीय युवाओं का 'चापाकल गैंग' बनाया जा सकता है। स्थानीय तालाब, पोखर, कूप आदि के पानी यदि पीने योग्य नही हो तो वहां पर बोर्ड ' पानी पीने हेतु वर्जित' लगाया जा सकता है।

खेती

किसानो की सहभागिता के लिए पॉलिसी निर्माण में ड्रॉफ्ट तैयार करने के उपरांत प्रगतिशील किसानों के साथ गांव में बैठक कर पॉलिसी की खूबियों एवं कमियों की चर्चा होनी चाहिए। प्रत्येक किसान को किसान क्लब का सदस्य होना अनिवार्य होना चाहिए तथा इनका साप्ताहिक किसान चौपाल लगना चाहिए। शिक्षित वर्ग को खेतो से जोड़ने हेतु सरकारी प्रोत्साहन के रूप में कृषि योग्य भूमि अनुदानित दर पर मुहैया कराया जाना चाहिए।

3
शिक्षा

जब बच्चे का जन्म होता है तो उसका मस्तिष्क एक कोरे कागज के समान होता है, जिसमें औपचारिक और अनौपचारिक तरीके से सीखकर गढ़ा जाता है। उसी गढ़े हुए अनुभव एवं ज्ञान के साथ वह बच्चा बड़ा होता है, उसके विचार उत्पन्न होते है, जिसके अनुरूप व्यवहार निर्धारित होता है। स्वाभाविक तौर पर बचपन के बाल-पन को बरकरार रखकर कल का समाज गढ़ने की अभिलाषा सम्पादित होती है।

हम परिकल्पना करते हैं कि शिक्षा के माध्यम से एक ऐसे समाज का निर्माण करें जिसमें कोई वृद्ध लाचार न दिखे, एक ऐसे समाज का निर्माण करें जिसमें सभी जाति पंथ के लोग एक साथ परस्पर सम्मान की दृष्टि रखते हुए जीवन यापन करें। हम ऐसे व्यक्तित्व की परिकल्पना करते हैं, जो अपनी क्षमता के अनुरूप शत-प्रतिशत प्रष्फुटित हो कर समाज से उऋण हो सके। इन लक्ष्यों को प्राप्त करने के लिए बचपन से लेकर युवावस्था की औपचारिक शिक्षा प्राप्त करने के लिए बच्चे, स्कूल, माता-पिता, पड़ोसी एवं समाज की महत्वपूर्ण भूमिका कैसी हो सकती है?

स्कूली शिक्षा

वर्तमान की स्कूली शिक्षा अब भी औपचारिक शिक्षा पर केन्द्रित है। कौशल विकास, खेल, संगीत, कला-संस्कृति आदि की शिक्षा पर ध्यान कम है। सरकारी स्कूल हो या प्राईवेट, स्कूल में शिक्षक और शैक्षणिक व्यवस्था से गुणवर्त्तापूर्ण शिक्षण एवं प्रशिक्षण प्रभावित हुआ है। प्राईवेट स्कूल अपनी तड़क भड़क को लेकर आकर्षण का केन्द्र बन रहें हैं। कुछ स्कूलों में शिक्षा का व्यवसायिकरण भी देखने को मिल रहा है। बोझिल पुस्तकों से बालपन प्रभावित हो रही है। वैसे स्कूलों का उद्देश्य अधिक-से-अधिक पुस्तक बेचकर ज्यादा-से-ज्यादा मुनाफा कमाना हो गया है, जिससे बच्चों के कंधे पर झुलता हुआ बैग उनके वजन से भी ज्यादा हो गया है; दिन भर सिर्फ किताबी पढ़ाई, न कोई खेल, न ही सृजनात्मकता। ऐसी परिस्थिति में प्रभावशाली स्कूली शिक्षा कैसे प्रदान की जा सकती है?

कुछ अभिभावकों का मानना है कि वे चाहते है कि जो पढ़ाई वें न कर सके वो पढ़ाई उनके बच्चे करे। वें यह भी चाहते है कि जो कुछ वें न बन सके उनके बच्चे जरूर बने। इसके लिए वें चाहते हैं कि उनके बच्चे अच्छे-से-अच्छे विद्यालय में शिक्षा ग्रहण करें।

कुछ लोगों का मानना है कि सरकारी स्कूल की व्यवस्था ऐसी है कि बहुत सारे स्कूल में न तो चाहरदीवारी है और न ही समुचित व्यवस्था। स्कूल में अनुशासन का अभाव दिखता है, शिक्षक बच्चों के प्रति जबाबदेह कम दिखते है। दूसरी तरफ, प्राईवेट स्कूल में शिक्षक उपलब्ध होते है, बच्चों में विशेष ध्यान देकर पढ़ाते है, अभिभावक के साथ बैठक करते है, यहां तक कि कुछ शिक्षक बच्चे के घर तक भी आते है। अभिवावक को इतना मतलब है कि उनके घर के नजदीक प्राइवेट स्कूल है जहां बच्चे पढ़ने जाते हैं। वहां हॉस्टल भी है, जहां बच्चे रहते हैं। तंगी हालात में भी अभिवावक पैसा जुगाड़कर विद्यालय में ससमय जमा करते है।

कुछ अभिभावक बताते हैं कि बच्चों के पास इतनी सारी पुस्तकों को देखकर लगता है कि विद्यालय में जरूर पढ़ाई होती होगी और विद्यालय प्रबंधन तो इस बात को अवश्य ही देखता होगा कि किस तरह की पुस्तक बच्चों के लिए आवश्यक है। वे यह भी बताते हैं कि उन्होने विद्यालय में पढ़ाई पर कम और खेल-कूद पर ज्यादा ध्यान दिया और कुछ सफलता हासिल नही कर सके। अब जब बच्चे हर समय पढ़ाई कर रहे है, तो उन्हें अच्छा लगता है कि उनके बच्चें दिन भर पढ़ाई मे लगे हुए है।

बच्चे का मन कुम्हार की मिट्टी के समान है जैसी आकृत्ति हम देना चाहते हैं, वैसी शिक्षा हमें देने की आवश्यकता पड़ती है। इसके लिए सरकारी और प्राईवेट दोनों किस्म के विद्यालय में सुदृढ़ व्यवस्था की जरूरत है। इसके लिए आवश्यक है कि राज्य सरकार एन.सी.ई.आर. टी. पुस्तकों को मानक बनाए एवं अन्य पुस्तकों को सहायक पुस्तक के रूप में उपयोग किया जाए। जेसीईआरटी, जिसे झारखंड शैक्षिक अनुसंधान एवं प्रशिक्षण परिषद कहा जाता है, स्कूल शिक्षा और शिक्षक शिक्षा के क्षेत्र में राज्य सरकार की नीतियों और कार्यक्रमों को तैयार करने और लागू करने के लिए एक शैक्षणिक प्राधिकरण है। यह आरटीई अधिनियम के अनुसार काम करता है। जेसीईआरटी द्वारा प्रकाशित पुस्तकों में एन.सी.ई.आर.टी. के पाठ्यक्रम के अनुसार पुस्तकें शामिल हैं, साथ ही राज्य बोर्ड परीक्षा के लिए विशेष रूप से तैयार की गई पुस्तकें भी शामिल हैं। इन पुस्तकों में विभिन्न विषयों जैसे विज्ञान, गणित, सामाजिक विज्ञान, भाषा आदि के लिए कक्षा 1 से 12 तक की पुस्तकें शामिल हैं। शिक्षा पद्धति में स्थानीयता का समावेश करने हेतु जेसीईआरटी स्वयं झारखण्ड की इतिहास एवं कला संस्कृति की मानक पुस्तक की रचना करके सभी बोर्ड के लिए अनिवार्य कर दे।

झारखण्ड की इतिहास एवं कला संस्कृति की मानक पुस्तक की रचना जेसीईआरटी द्वारा करके सभी बोर्ड के लिए अनिवार्य किया जा सकता है।

झारखंड एकेडमिक काउंसिल के स्कूलों में पुस्तकालय की व्यवस्था के लिए कई प्रावधान हैं। स्कूलों में पुस्तकालय स्थापित करना अनिवार्य है, और इसके लिए स्कूल प्रबंधन समितियों को हर साल राशि उपलब्ध करायी जाती है, जिसे प्रभावी ढंग से उपयोग कर प्रत्येक विद्यालय में एक लाइब्रेरी सुनिश्चित किया जाए; जहाँ पर पठन-पाठन की उचित व्यवस्था हो। लाइब्रेरी को सुसज्जित कर विद्यालय की बाउन्ड्री निर्माण कराते हुए सुरक्षा गार्ड की बहाली की जाए, ताकि समानों को सुरक्षित रखा जा सके।

विद्यालय की बाउन्ड्री निर्माण कर लाइब्रेरी तथा लैब को सुरक्षित करने हेतु सुरक्षा गार्ड की बहाली की जा सकती है।

झारखंड में शिक्षकों के लिए लगातार प्रशिक्षण एक महत्वपूर्ण पहल है, जिसमें ऑनलाइन और ऑफलाइन दोनों तरह के प्रशिक्षण शामिल हैं। राष्ट्रीय शिक्षा नीति 2020 के तहत, शिक्षकों को 50 घंटे का प्रशिक्षण अनिवार्य किया गया है, जिसमें 24 घंटे ऑनलाइन और 26 घंटे ऑफलाइन प्रशिक्षण शामिल हैं। यह प्रशिक्षण शिक्षकों के कौशल और ज्ञान को बढ़ाने के साथ-साथ उन्हें नवीनतम शिक्षण विधियों और रणनीतियों से अवगत कराने के लिए होता है। उनकी रुचि विषय में बरकरार रखने के लिए शिक्षकों के बीच आपसी प्रतियोगिता का आयोजन किया जाए। शिक्षकों के अभिनव प्रयासों के लिए कई पुरस्कार दिए जाते हैं। इनमें राष्ट्रीय शिक्षक पुरस्कार, ग्लोबल टीचर प्राइज, और यूनेस्को-हमदान पुरस्कार जैसे प्रतिष्ठित पुरस्कार शामिल हैं। ये पुरस्कार शिक्षकों के नवाचारी शिक्षण विधियों, सामुदायिक जुड़ाव, और छात्रों के जीवन पर सकारात्मक प्रभाव को मान्यता देते हैं। आवश्यक है कि शिक्षकों के अभिनव प्रयास को प्रधानाध्यापक प्रोत्साहित करें तथा उनके वेतन का ससमय भुगतान किया जाए।

शिक्षकों को लगातार प्रशिक्षित करते हुए उनके अभिनव प्रयासों के लिए पुरस्कृत किया जा सकता है।

शिक्षा क्षेत्र के अस्थाई मानदेय पर आधारित पारा शिक्षक को स्थायी करने की व्यवस्था हो, ताकि वे अपने असुरक्षित जीवन की चिंता से मुक्त हो कर पठन-पाठन का कार्य एकाग्रचित होकर कर सके। अर्थात् शिक्षा व्यवस्था को विद्यार्थी-परक होने के साथ-साथ शिक्षक-परक भी होने की आवश्कता है।

शिक्षा व्यवस्था को विद्यार्थी-परक होने के साथ-साथ शिक्षक-परक बनाया जा सकता है।

प्राइवेट स्कूलों को सुदृढ़ करने के लिए, स्कूलों को अपनी गुणवत्ता, सुविधाओं और समुदायिक भागीदारी को बेहतर बनाने पर ध्यान केंद्रित करने की आवश्यकता है। इसके अलावा, स्कूलों को अपने छात्रों और अभिभावकों के साथ मजबूत संबंध बनाने और प्रौद्योगिकी का उपयोग करके अपनी पहुंच और प्रभाव को बढ़ाना चाहिए। विद्यालय में एकरूपता बनाने हेतु मूल पुस्तक के रूप में एन.सी.ई.आर.टी. की पुस्तके रखी जाए तथा उसकी सहायक पुस्तक के रूप में अन्य पुस्तकों की मदद ली जाए।

प्राइवेट स्कूलों में एकरूपता बनाने हेतु मूल पुस्तक के रूप में एन.सी.ई.आर.टी. की पुस्तके को अनिवार्य किया जा सकता है।

झारखंड में वर्तमान में शिक्षा का अधिकार अधिनियम के तहत प्राइवेट स्कूलों की मान्यता के लिए शहरी क्षेत्र में 75 डिसमिल और ग्रामीण क्षेत्र में एक एकड़ जमीन की आवश्यकता होती है। जबकि, सीबीएसई के द्वारा घनी आबादी वाले शहरों या महानगरों में, न्यूनतम 1 एकड़ भूमि एवं ग्रामीण क्षेत्रों में न्यूनतम 2 एकड़ भूमि अनिवार्य कर दी

गयी है। सीबीएसई का मानना है कि पर्याप्त भूमि होने पर बुनियादी ढांचे, खेल के मैदानों और भविष्य के विस्तार के लिए पर्याप्त स्थान सुनिश्चित होंगे। एक आंकड़े के अनुसार सम्प्रति झारखंड में बिना मान्यता के 5879 विद्यालय संचालित हैं। इन स्कूलों में 837879 बच्चे नामांकित हैं, जबकि 46421 शिक्षक कार्यरत हैं। देश में बिना मान्यता के सबसे अधिक निजी स्कूल झारखंड में संचालित किये जा रहे हैं। इन्हे मान्यता प्रदान करने हेतु भूमि की न्यूनतम सीमा को घटाने की आवश्यकता है, ताकि ज्यादा से ज्यादा विद्यालय मान्यता प्राप्त कर बोर्ड के अन्य नियमों का समुचित रूप से अनुपालन कर सके।

ज्यादा से ज्यादा प्राइवेट स्कूलों को मान्यता को विनियमित करने हेतु भूमि की न्यूनतम सीमा को घटाया जा सकता है।

गुणवत्तापूर्ण शिक्षा

गुणवत्तापूर्ण शिक्षा का अर्थ होता है ऐसी शिक्षा जो विद्यार्थियों के समग्र विकास को सुनिश्चित करे और उन्हें व्यक्तिगत, सामाजिक व व्यावसायिक जीवन में सफल बनने के योग्य बनाए। इसका उद्देश्य केवल जानकारी देना नहीं, बल्कि सोचने, समझने, समस्याओं को सुलझाने, नैतिक मूल्यों को अपनाने और समाज में सकारात्मक योगदान देने की क्षमता विकसित करना होता है। शिक्षकों के प्रशिक्षण में सरकार करोड़ो रुपये खर्च कर रही है, परन्तु गुणवत्तापूर्ण शिक्षा में अपेक्षित प्रगति नही हो पा रही है। अब भी बच्चे को आजादी नहीं है कि वे अपने रूचिकर क्षेत्र में जाने की दिशा में बचपन से प्रयासरत हो। बच्चे भाषा, विज्ञान, गणित आदि विषय नही रखना चाहते हैं फिर भी उन्हें बल पूर्वक थोप दिया जाता है; जिससे बच्चे ड्रॉप आउट हो जाते हैं। क्या थोपी हुई शिक्षा कभी गुणवत्तापूर्ण हो सकती है?

कुछ अभिभावकों का मानना है कि साल भर बच्चे विद्यालय में पढ़ने के बाद परीक्षा के समय रटना प्रारम्भ कर देते हैं; और यदि रट कर याद नही कर पाते है, तो कक्षा में कपट तरीके से पास होने के लिए छोटे-छोटे कागज में चिट-पर्चा लिखकर तैयार करते है और परीक्षा में उसी से देखकर लिखते है और परीक्षा पास हो जाते है। वह एक प्रश्न देखकर नहीं बता सकता है कि उसका उत्तर जानता है कि नही जानता। वह प्रयास करता है और आधे रास्ते में रूक कर सोचने लगता है और अंत में हार मान लेता है कि वह उक्त प्रश्न का जवाब नही जानता। यद्यपि वह प्रश्न देखकर पहले ही आकलन कर सकता था कि उसका उत्तर नही जानता है, जिससे उसका समय और संसाधन बर्बाद होने से बच जाता। इसी प्रकार, वह जीवन की समस्याओं का भी निदान नही ढूंढ पाता और उसमे उलझ कर रह जाता है। इससे अपने जीवन का लक्ष्य भी हासिल नही कर पाता।

कुछ अभिभावकों का मानना है कि बच्चों में भाषा की शुद्धि का ज्ञान घटता जा रहा है। आज कल वाट्सएप के चक्कर में पत्र लिखने की आवश्यकता भी नही पड़ती है, वैसे में वह शुद्ध लिखना भी भूलता जा रहा है। वह न तो शुद्ध बोलना जानता है और न ही शुद्ध लिखना। खेलकूद, संगीत नृत्य, कौशल विकास आदि में विद्यालयों का कम ध्यान होता है, जिससे बच्चों में पढ़ाई-लिखाई में कमजोर होने पर अन्य किसी विद्यामें निपुण न होने पर कुण्ठा की भावना पनप जाती है।

शिक्षण पद्धति में बचपन से ही भाषा, गणित और विज्ञान-कला आदि में रूझान पैदा करने और उसकी बारीकियों को सीखाने का प्रयास होना चाहिए। भाषा का ज्ञान नही होने के कारण रटन्तु विद्या को बढ़ावा मिलता है और अपनी स्थानीय भाषा एवं रूचिकर क्षेत्र में बढ़ावा नही मिलने के कारण बच्चे ड्रॉप आउट हो जाते है। इसलिए, पहले स्थानीय भाषा ज्ञान सीखाने पर जोर दिया जाना चाहिए, ताकि बच्चे में रूचि का विकास हो; तत्पश्चात् अन्य भाषाओं को सीखाना चाहिए।

विज्ञान,गणित या कला में निपुण नहीं होने पर विद्यार्थियों को खेल-कूद, संगीत, नृत्य आदि विषयों पर रूचि विकसित करने का प्रयास किया जाना चाहिए। साथ ही साथ स्थानीय प्राथमिक उत्पाद को ध्यान में रखते हुए कुटीर उद्योग लगाने एवं उसके संचालन के लिए प्रशिक्षण भी दिया जाना चाहिए।

विद्यार्थियों का ड्रॉप आउट घटाने के लिए स्थानीय भाषा सिखाया जा सकता है एवं विज्ञान,गणित या कला में निपुण नहीं होने पर उन्हें खेल-कूद, संगीत, नृत्य आदि विषयों पर रूचि विकसित किया जा सकता है।

इसके अलावा, नयी सदी की विशेष तकनीक यथा रोबोटिक्स, कोडींग, आर्टिफिशियल इंटेलिजेंस आदि के प्रशिक्षण की व्यवस्था विद्यालय के द्वारा की जानी चाहिए, जो स्टीम एडुकेशन से संभव है जिसमें एक ही विद्यार्थी को एक साथ पाँच विषयो का ज्ञान देते हुए मोटर गैराज में सीखने की तर्ज पर रूचिपूर्ण तरीके से विद्यार्थी सीख पाते हैं एवं यथा समय अपने पैरो पर खड़ा हो पाते है।

रोबोटिक्स, कोडींग, आर्टिफिशियल इंटेलिजेंस आदि नयी सदी की विशेष तकनीक के प्रशिक्षण हेतु स्टीम एडुकेशन दिया जा सकता है।

इसके अतिरिक्त, वित्तीय प्रबंधन की पढ़ाई उच्च विद्यालय स्तर से अवश्य करायी जाए, ताकि पैसे की लेनदेन, निवेश, वृद्धि एवं बचत का ज्ञान कम उम्र से हो सके।

वित्तीय प्रबंधन की पढ़ाई उच्च विद्यालय स्तर से कराया जा सकता है।

साथ ही, परम्परागत विषय की गुणवत्ता सुधारने के लिए प्रत्येक विद्यालय में पुस्तकालय हो, जिसका प्रबंधन व्यावसायिक तरीके से किया जाए तथा पुस्तक एवं पठन-पाठन सामग्री के लिए उचित मूल्य की जन वितरण पुस्तक दुकान का गठन किया जाए। प्रत्येक विद्यालय में प्रयोगशाला विकसित अवस्था में हो जहाँ पर बच्चे अभिनव विचार का क्रियान्वयन कर सके।

पुस्तक एवं पठन-पाठन सामग्री के लिए उचित मूल्य की जन वितरण पुस्तक दुकान का गठन किया जा सकता है।

मध्याह्न भोजन

झारखंड में इस योजना के तहत, सरकारी और सरकारी सहायता प्राप्त स्कूलों में कक्षा 1 से 8 तक के बच्चों को पका हुआ गर्म भोजन दिया जाता है। यह योजना बच्चों के पोषण स्तर में सुधार करने और शिक्षा का समर्थन करने के उद्देश्य से चलाई जा रही है। इस योजना के लिए केंद्र और राज्य सरकारें दोनों मिलकर फंडिंग करती हैं, जिसमें 60 प्रतिशत केंद्र और 40 प्रतिशत राज्य सरकार का योगदान होता है। ज्ञात हो कि भारत में मिड-डे मील योजना की शुरुआत 15 अगस्त, 1995 को हुई थी। स्कूलों में मध्याह्न भोजन रसोइया द्वारा तैयार किया जाता है, जिसकी निगरानी विद्यालय प्रबंधन समिति के अध्यक्ष और माता समिति द्वारा की जाती है। तैयार मध्याह्न भोजन को बच्चों के बीच परोसने से पहले शिक्षक द्वारा चखा जाता है और छात्रों को पंक्तिबद्ध तरीके से भोजन कराया जाता है। परन्तु मध्यान्न भोजन में शिक्षकों की भागीदारी से पठन-पाठन प्रभावित हुआ है। शिक्षकों को मध्याह्न भोजन से अलग कर उसके लिए स्वतंत्र व्यवस्था करने से पठन-पाठन में सुधार होने की सम्भावना है। क्या मध्यान्न भोजन योजना हेतु अलग प्रबंधन संभव है?

कुछ लोग यह मानते हैं कि मध्यान्न भोजन बहुत अच्छी व्यवस्था है; खाने के बहाने ही सही गरीब बच्चे विद्यालय तक पहुंचते हैं। विद्यालय पहुंचकर कुछ-न-कुछ सीखते है तथा धीरे-धीरे पढ़ाई के प्रति रुचि विकसित हो जाती है। परन्तु मध्याह्न भोजन के कारण विद्यालय की स्थिति और उसके पठन-पाठन पद्धति में बहुत गिरावट आयी है। कुछ विद्यालय जाने पर पता चलता है कि शिक्षक मध्याह्न भोजन प्रबंधन के लिए बाहर गए है, कभी चावल, कभी लकड़ी, कभी सब्जी-इसी की व्यवस्था में शिक्षक लगे रहते हैं।

कुछ लोग यह भी कहते हैं कि विद्यालय का किचन इतना गंदा होता है कि मध्याह्न भोजन खाकर बच्चों की बीमार पड़ने की खबर अखबार में अक्सर प्रकाशित होती रहती है। लकड़ी की चूल्हे में खाना बनाने के कारण इसके धुएं से खाना के साथ-साथ वातावरण भी दूषित होता है। इसके लिए स्वतंत्र व्यवस्था अत्यन्त आवश्यक है।

मध्याह्न भोजन योजना में शिक्षकों की भूमिका महत्वपूर्ण है। वे न केवल छात्रों को पौष्टिक भोजन सुनिश्चित करने में मदद करते हैं, बल्कि यह भी सुनिश्चित करते हैं कि योजना सुचारू रूप से चले और छात्रों के स्वास्थ्य और शिक्षा पर सकारात्मक प्रभाव हो। इनके प्रयास से गरीब और अशिक्षित क्षेत्र के लिए मध्याह्न भोजन शिक्षा के लिए वरदान साबित हुआ है। परन्तु शिक्षकों की इसमें सहभागिता से पठन-पाठन का कार्य प्रभावित होता भी दिखाई पड़ता हैं। वास्तव में मध्यान्न भोजन के प्रबंधन में शिक्षक अपना समय लगाकर अपना कीमती समय बर्बाद करते है। इससे शिक्षकगण पठन कार्य में समय नही दे पाते है, जिससे शिक्षा व्यवस्था प्रभावित होती है। मध्याह्न भोजन को शिक्षकों से पूर्णतः अलग कर विद्यालय में एक आदर्श किचन का निर्माण किया जाना चाहिए जहां गैस चूल्हे की भी व्यवस्था हो।

मध्याह्न भोजन को शिक्षकों से पूर्णतः अलग कर विद्यालय में आदर्श किचन का निर्माण किया जा सकता है।

बच्चों की मां को जागरूक कर स्थानीय खाद्य को प्राथमिकता दी जानी चाहिए यथा सेब के स्थान पर अमरूद, व्यवसायिक पौष्टिक पेय के स्थान पर जौ का सत्तु आदि। इन सहज, सुलभ और सस्ती स्थानीय सामग्री से भी पौष्टिकता की कमी दूर की जा सकती है।

स्थानीय खाद्य एवं पेय पदार्थों को प्राथमिकता देते हुए बच्चों को पौष्टिकता आपूर्ति किया जा सकता है।

इसके अलावा, विद्यालय प्रांगण का उपयोग कर इसे स्वःआश्रित भी बनाया जा सकता है। कई सरकारी विद्यालय के पास इतनी भूमि उपलब्ध होती है कि वहां पर आम, अमरूद, जामुन, केला आदि का बागवानी करते हुए सालो भर सब्जी की खेती भी की जा सकती है और मुर्गी पालन की व्यवस्था कर अण्डे की व्यवस्था एवं गाय पालन कर दूध की व्यवस्था भी की जा सकती है। इसके लिए, खेतिहर किसान की बहाली की जानी चाहिए, जो विद्यालय-प्रांगण का समुचित उपयोग कर आवश्यक फल, सब्जी, अण्डा आदि का उत्पादन कर आदर्श किचन को मुहैया कर सके।

विद्यालय-प्रांगण का समुचित उपयोग कर आवश्यक फल, सब्जी, अण्डा आदि का उत्पादन किया जा सकता है।

संवेदनशीलता एवं सहिष्णुता

संवेदनशीलता का अर्थ है-दूसरों की भावनाओं और जरूरतों को समझने और उनके प्रति संवेदनशील होने की क्षमता। यह दूसरों के साथ सहानुभूति रखने और उनके दृष्टिकोण से चीजों को देखने की

क्षमता है। संवेदनशीलता में दूसरों की भावनाओं का सम्मान करना और उनके साथ दया और समझ के साथ व्यवहार करना शामिल है। कई बार ऐसा देखा जाता है कि कुछ लोग घर में वृद्धों की देखभाल नही कर पाते हैं। वृद्धों को पर्याप्त समय भी नही दे पाते है। हर कोई अपने-अपने कार्यो में व्यस्त है। माता-पिता जब वृद्ध हो जाते हैं, तो बच्चे के समान हो जाते हैः कई कार्य वें स्वयं करने में सक्षम नही होते, ऐसी परिस्थिति में उन्हें सहयोग की आवश्यकता पड़ती है। परन्तु शिक्षा पद्धति ऐसी है कि उनकी अपने माता-पिता से दूरी बढ़ती जा रही है। वृद्धों के प्रति संवेदनशीलता घटती जा रही है।

सहिष्णुता का अर्थ होता है-दूसरों की विचारों, मतों, और व्यवहारों को स्वीकार करने और सहन करने की क्षमता, भले ही हम उनसे सहमत न हों। यह दूसरों को उनकी पसंद और नापसंद के अनुसार जीने की अनुमति देने और उनके अधिकारों का सम्मान करने की भावना है। सहिष्णुता में मतभेदों को स्वीकार करना और विविधता का सम्मान करना शामिल है। कई बार ऐसा देखा जाता है कि अनुसूचित जाति/जन जाति/अल्पसंख्यक के प्रति लोगों की सहिष्णुता कम हुई है। वे अब भी भेद-भाव, छुआ-छूत, सामाजिक क्रूरता आदि के यदा-कदा कोपभाजन बन जाते है, जिसका परिणाम होता है-मॉब लीचिंग। शिक्षा पद्धति में कैसी सुधार की अपेक्षा है, जिससे संवेदनशीलता एवं सहिष्णुतामें वृद्धि हो?

कुछ लोग का मानना है कि वे अपने घर में वृद्धों को समय नही दे पा रहे है। परन्तु क्यों? यह भी जानने की आवश्यकता है। आज महंगाई का जमाना है। मध्यम वर्ग के लिए जीवन यापन के साधन जुगाड़ करने में पूरा समय लग जाता है, परिवार के बढ़ने से अपने बच्चे की जिम्मेदारियां बढ़ जाती हैं, फलतः संयुक्त परिवार का टूटना प्रारम्भ हो जाता है। तब परिवार में अधिक लोग को रखना संभव नही हो पाता है।

कुछ लोग अपना अनुभव बताते है कि वृद्ध एक ही बात का रट लगाते रहते है, शक करते रहते है, अपने पैर पर खड़ा होने के बावजूद भी डांटते रहते है, हर समय अलग-अलग तरह की आवश्यकता के अनुसार मांग करते रहते है। एक बच्चा का लालन-पालन आसान है, चूंकि उसे डांट-डपट कर शांत किया जा सकता है, परन्तु वृद्ध माता-पिता को डांटा भी नही जा सकता है। फिर उनका प्रत्येक शब्द आदेश है, अगर उसे नही माने तो ताना देंगे कि बेटा कुछ करता ही नही है। इस प्रकार खाना-पीना खिलाकर सेवा शुश्रूषा करने के बाद भी ताना सुनने और डांट फटकार खाने से अच्छा है कि उन्हें साथ ही न रखा जाए।

कुछ लोग कहते है कि समाज से छुआ-छूत, भेदभाव समाप्त हो गया है, परन्तु ऐसा नही है। कुछ हद तक छुआ-छूत अवश्य कम हुआ है, परन्तु भेद-भाव अब भी बरकरार है। सबसे ज्यादा भेद-भाव गोरे-काले का है, गोरा है तो सुन्दर है, विद्धान है, समझदार है। परन्तु, काला या सांवला है तो बदसूरत है, नासमझ है-ऐसा समाज में पूर्वधारणा कर ली जाती है। अनुसूचित जाति, जन-जाति, अल्पसंख्यक हो तो यह भेद-भाव और महसूस किया जा सकता है। अक्सर इन्हें हीन भावना से ग्रसित देखा जा सकता है। गांव में लोग एक दूसरे से मिलने मे कतराते हैं। शादी ब्याह, छट्टी-छीला आदि कार्यक्रमों में भी लोग एक दूसरे के घर जाना नही चाहते है। अगर चले भी गए, तो कुछ लोग खाना-खाने में परहेज करते दिख जाते है। और ऐसा सिर्फ अनपढ़ और नामसझ के बीच ही नही होता, बल्कि पढ़े लिखे और समझदार लोगों के बीच भी होता है।

भेद-भाव एक सामाजिक कुरीति है जिसे शिक्षण पद्धति में सुधार कर दूर किया जा सकता है। जरूरत है शिक्षण पद्धति में समाजशास्त्र के व्यवहारिकप्रशिक्षण की। प्रत्येक विद्यालय में भौतिक विज्ञान, रसायन विज्ञान, जीव विज्ञान आदि विषयों के लिए प्रयोगशाला होता है, जिसमे सफलतापूर्वक व्यवहारिक प्रयोग करने पर परीक्षा में अंक प्रदान

किये जाते है, जो विद्यार्थियों के लिए प्रेरक का कार्य करता हैं, परन्तु समाजशास्त्र के व्यवहारिक ज्ञान के लिए विद्यालय में कोई प्रयोगशाला नही होती, चूंकि समाज ही एक प्रयोगशाला के रूप में व्यवहृत होता है। परन्तु उक्त सामाजिक व्यवहार के लिए विद्यालय मे कोई पुरस्कार या प्रोत्साहन की जगह नही दी गयी है, जिसके कारण संवेदनशीलता एवं सहिष्णुता जैसे सामाजिक व्यवहार प्रेरक नही बन पाता है। इसके लिए विद्यालय की परीक्षा के अंक निर्धारित किया जाना चाहिए, ताकि बच्चे अपने सामाजिक समरसता के व्यवहार को विद्यालय पटल पर स्वाभाविक रूप से रख सके।

शिक्षण पद्धति में भौतिक विज्ञान, रसायन विज्ञान, जीव विज्ञान आदि विषयों के प्रयोगशाला के अनुरूप समाजशास्त्र के व्यवहारिक ज्ञान हेतु परीक्षा में अंक प्रदान किया जा सकता है।

वृद्धों के प्रति संवेदनशीलता विकसित करने के लिए ऐसे ही प्रायोगिक विषय होने की आवश्यकता है, जिसके लिए परीक्षा में अंक पूर्व से निर्धारित किया गया हो। इसके लिए विद्यालय में पढ़ रहे बच्चों के दादा-दादी, नाना-नानी या उनके परिवार में ऐसे बुजुर्ग नही रहने पर टोले-मुहल्ले के कोई वृद्ध को कर्णांकित कर वृद्धों की सेवा कार्यक्रम चलाया जाना चाहिए एवं बच्चों को 'वृद्धों की सेवा प्रमाणपत्र' भी दिया जाना चाहिए, ताकि समाज के प्रत्येक वर्ग के जरूरतमंदो को सहानुभूतिपूर्वक सेवा प्रदान करने की संवेदनशीलता विकसित हो सके।

बच्चों में संवेदनशीलता विकसित करने के लिए टोले-मुहल्ले के वृद्धों को कर्णांकित कर उनकी सेवा का कार्यक्रम चलाते हुए उन्हें 'वृद्धों की सेवा प्रमाणपत्र' दिया जा सकता है।

उसी प्रकार, सहिष्णुता विकसित करने के लिए विद्यालय स्तर पर पहल करने की आवश्यकता है। जैसे-विद्यालय में पढ़ रहे अनुसूचित

जाति, जन जाति, अल्पसंख्यक समुदाय के बच्चे को कर्णांकित कर उनके अभिभावक से अनुमति प्राप्त करते हुए स्थानीय दो या दो से अधिक बच्चे उनके घर पर जाकर खेलने-कूदने, पढ़ने-लिखने और अन्य गतिविधियों के लिए सप्ताह में एक दिन का सामाजिक समरसता कार्यक्रम हो एवं इसकी प्रगति पर निगरानी रखते हुए विद्यालय स्तर पर कार्य मुहैया कराया जाए तथा उसका मूल्यांकन अंक भी निर्धारित किया जाए।

बच्चों में सहिष्णुता विकसित करने के लिए अनुसूचित जाति, जन जाति, अल्पसंख्यक समुदाय के बच्चों के घरों में सामाजिक समरसता कार्यक्रम किया जा सकता है।

संक्षेप में

स्कूली शिक्षा

सरकारी और प्राइवेट दोनों किस्म के विद्यालयमें एन0सी0ई0आर0टी0 पुस्तकों को मानक बनाते हुए अन्य पुस्तकों को सहायक पुस्तक घोषित किया जाय। शिक्षा पद्वति में स्थानीयता का समावेश करने हेतु जेसीईआरटी स्वयं झारखण्ड की इतिहास एवं कला संस्कृति की मानक पुस्तक की रचना करके सभी बोर्ड के लिए अनिवार्य कर दे। लाइब्रेरी को सुसज्जित कर विद्यालय की बाउन्ड्री निर्माण कराते हुए सुरक्षा गार्ड की बहाली की जाय। शिक्षकों के अभिनव प्रयासों के लिए पुरस्कार दिए जाए। पारा शिक्षक को स्थायी करने की व्यवस्था हो एवं प्राइवेट विद्यालय को मान्यता प्रदान करने हेतु भूमि की न्यूनतम सीमा को घटा दी जाय।

गुणवत्तापूर्ण शिक्षा

बच्चे अपने रूचिकर क्षेत्र में वैसे अध्ययन करे जिससे ड्रॉप आउट न हों। इसके लिए, सबसे पहले स्थानीय भाषा ज्ञान सीखाने पर जोर दिया जाना चाहिए। विज्ञान, गणित या कला में निपुण नहीं होने पर विद्यार्थियों को खेल-कूद, संगीत, नृत्यआदि विषयों पर रूचि विकसित करने का प्रयास किया जाना चाहिए। स्थानीय प्राथमिक उत्पाद को ध्यान में रखते हुए कुटीर उद्योग लगाने एवं उसके संचालन के लिए प्रशिक्षण भी दिया जाना चाहिए। वित्तीय प्रबंधन की पढ़ाई उच्च विद्यालय स्तर से अवश्य करायी जाए। इसके अलावा, कौशल विकास पर विशेष जोर देते हुए स्टीम एडुकेशन की शुरूआत करने की आवश्यकता है। साथ ही, उचित मूल्य की जनवितरण पुस्तक दुकान का गठन कर बच्चों को रियायत दाम में पुस्तक मुहैया कराया जा सकता है। प्रत्येक विद्यालय में प्रयोगशाला विकसित अवस्था में हो, जहां पर बच्चे अभिनव विचार का क्रियान्वयन कर सके।

मध्याह्न भोजन

मध्याह्न भोजन को शिक्षकों से पूर्णतः अलग कर विद्यालय में एक आदर्श किचन का निर्माण किया जाना चाहिए। स्थानीय खाद्य को प्राथमिकता दी जानी चाहिए। विद्यालय प्रांगण का उपयोग कर इसे स्वःआश्रित भी बनाया जा सकता है। विद्यालय प्रांगण में खेतीहर किसान की बहाली की जानी चाहिए, जो उसका समुचित उपयोग कर आवश्यक फल, सब्जी, अण्डा आदि का उत्पादन कर आदर्श किचन को मुहैया करा सके।

सवंदेनशीलता एवं सहिष्णुता

भेद-भाव एक सामाजिक कुरीति है जिसे शिक्षण पद्धति में समाजशास्त्र के व्यवहारिक प्रशिक्षण प्रदान कर दूर किया जा सकता है। इसके लिए संवेदनशीलता विकसित करने हेतु विद्यालय में पढ़ रहे बच्चों के दादा-दादी, नाना-नानी या उनके परिवार में ऐसे बुजुर्ग नही रहने पर टोले-मुहल्ले के कोई वृद्ध को कर्णांकित कर वृद्धों की सेवा कार्यक्रम चलाया जाना चाहिए एवं बच्चोंको 'वृद्धों की सेवा प्रमाणपत्र'भीदिया जाना चाहिए तथा इसके लिए परीक्षा में अंक पूर्व से निर्धारित हो।

उसी प्रकार, सहिष्णुता विकसित करने के लिए विद्यालय स्तर पर पहल करते हुए अनुसूचित जाति, जन जाति, अल्पसंख्यक समुदाय के बच्चे को कर्णांकित कर उनके अभिभावक से अनुमति प्राप्त करते हुए स्थानीय दो या दो से अधिक बच्चे उनके घर पर जाकर खेलने-कूदने, पढ़ने-लिखने और अन्य गतिविधियों के लिए सप्ताह में एक दिन का सामाजिक समरसता कार्यक्रम हो एवं इसकी प्रगति पर निगरानी रखते हुए विद्यालय स्तर पर कार्य मुहैया कराया जाए तथा उसका मूल्यांकन अंक भी निर्धारित हो।

4

स्वास्थ्य

समय परिवर्तित हो रहा है। वैश्वीकरण के दौर में पूरा विश्व एक हो रहा है। इसमें इलेक्ट्रोनिक मीडिया की अहम् भूमिका है। आज अधिकांश लोग के हाथ में मोबाईल है, नवयुवक लैपटॉप का उपयोग कर रहे है। इन इलेक्ट्रोनिक उपकरणों ने जन-जीवन को इतना प्रभावित किया है कि लोग रिश्तो में कम और इलेक्ट्रोनिक उपकरण में ज्यादा व्यस्त है। लोग के पास रिश्ते सम्भालने के लिए समय का अभाव दिख रहा है। शारीरिक कसरत और खेल के लिए भी लोग के पास समय का अभाव देखा जा रहा है। दिन-दिन भर इलेक्ट्रोनिक उपकरण ले कर लोग जमे हुए है। नतीजा सामने है-शरीर स्थिरता की ओर अग्रसर हो चुका है-अर्थराइटिस, हार्ट अटैक, तनाव, कुण्ठा, शुगर आदि के शिकार लोग हो रहे है। आध्यात्मिक तरीके से लोग दैनिक जीवन की समस्याओं को हल नही कर पा रहे है। मानसिक, शारीरिक और आध्यात्मिक स्वास्थ्य में सामंजस्य बिगड़ गया है, जीवन-शैली जनितरोग बढ़ गए है।

अपने स्वास्थ्य का ख्याल नही कर पाने के कारण इसका प्रभाव अगली पीढ़ी पर भी पड़ रहा है। बच्चे कुपोषित पैदा हो रहे है। नेशनल फैमिली हेल्थ सर्वे-5 के अनुसार, झारखंड में लगभग 3.90 लाख बच्चे

कुपोषित हैं। यह संख्या उन बच्चों की है, जिनका वजन सामान्य से कम है। सरकारी अस्पतालों में आंगनबाड़ी केन्द्रों के माध्यम से कुपोषण दूर करने का प्रयास चल रहा है। राज्य सरकार कुपोषण से निपटने के लिए कई प्रयास कर रही है, जैसे कि सक्षम आंगनवाड़ी केंद्र और पोषण 2.0 कार्यक्रम, जिसका उद्देश्य कुपोषण को कम करना है।

स्वास्थ्य का मूलाधार स्वच्छता है। स्वच्छता की कमी से कई बीमारियां होती हैं, जिनमें से कुछ इस प्रकार हैं-दस्त, हैजा, टाइफाइड, आंतों के कीड़े, और पोलियो। स्वच्छता की कमी से केवल व्यक्तिगत स्वास्थ्य पर ही नहीं, बल्कि पूरे समुदाय के स्वास्थ्य पर भी नकारात्मक प्रभाव पड़ता है। स्वच्छता के प्रति स्कूल, कार्यालय, अस्पताल आदि संस्थान सजग हुए हैं। बच्चे विद्यालय में हाथ धोने का अभ्यास कर रहे है, स्वच्छता रैली निकाल रहे है। कार्यालय में पदाधिकारी स्वयं झाड़ू उठाकर सफाई के प्रति सजग रहने का संकेत दे रहे हैं; अस्पतालों में भी जगह-जगह डस्टबीन दिखाई पड़ रहे है।

इसके अलावा, शारीरिक बीमारी के दौरान खून की आवश्यकता रोजमर्रा के दिनों में पड़ती रहती है। इसके लिए ब्लड बैंक बनाया गया है। लाखों लोग आंखों की रोशनी के अभाव में दुनिया को सिर्फ महसूस कर पा रहे हैं, देख नही पा रहे हैं। किडनी जैसे अंगों की आवश्यकता भी दिनों-दिन बढ़ रही है। आज फेफड़े जैसे अंग का प्रत्यारोपणभी हो रहा है। परन्तु वैसे आवश्यक अंग प्राप्त करना मुश्किल होता है।

जीवन-शैली जनितरोग

इलेक्ट्रोनिक मीडिया से स्वास्थ्य में गहरा असर पड़ा है। हर उम्र के लोग इससे प्रभावित हुए है। शरीर शिथिल होता जा रहा है और मस्तिष्क तेज होता जा रहा है, इससे विचार और कर्म में सामंजन नही बैठ पा रहा है, जिससे कुंठा उत्पन्न हो रही है। शुगर, तनाव, कुण्ठा आदि के

अलावा आत्महत्या के मामले भी बढ़ रहे है। क्या इस बदलते परिवेश में मानसिक, शारीरिक और आध्यात्मिक स्वास्थ्य में सामंजन बैठा पाएगें?

कुछ लोग यह कहते है कि मोबाईल हाथ में रखना फैशन नही आवश्यकता बन गया है। इतना भागम-भाग का जीवन है कि जन-सम्पर्क के लिए आसान साधन रहते हुए दूसरे साधन का उपयोग करना उचित नही लगता है। इन्टरनेट, वाट्सएप आदि से सूचना प्राप्त करना बिल्कुल सरल हो गया है। इसका उपयोग करने से स्वास्थ्य लाभ के लिए भी छोटी-मोटी जानकारी, तुरन्त मिल जाती है। विद्यालय में भी स्मार्ट क्लास प्रारम्भ हो गये हैं। यदि हम इलेक्ट्रोनिक मीडिया का उपयोग नही करेंगे, तो हम बदलते जमाने से कदम-दर-कदम मिला कर नही चल सकते है।

कुछ लोग का कहना है कि इस तरक्की का सबसे महत्वपूर्ण असर रिश्तों पर पड़ा है। परिवार टूट रहे है। लोग अपने पूर्वज के बारे मे बुजुर्गो से जानने के लिए समय नही निकाल पा रहे है। साथ ही, दादी-नानी की कहानियों से भी दूर होते चले जा रहे है, जिससे भावनात्मक लगाव का अभाव होता जा रहा है। मोटापा, शुगर आदि घर-घर की कहानी बन गये हैं। पर्व-त्योहारों में रिश्तेदार जुटते भी हैं, तो सभी अपने-आप में मश्गूल होते है। तरक्की और स्वास्थ्य में सामंजन बैठाना वास्तव में कठिन होता जा रहा है।

सूचनाओं के बाढ़ को मेढ़ बनाकर रोक पाना आसान नही है। इसलिए सूचनाओं को रेगुलेट करना, समय प्रबंधन कर जीवन शैली में परिवर्त्तन करना, रिश्ते के अहमियत को समझते हुए उसके लिए समय निकालना, इन्टरनेट का प्रयोग ज्ञान का विस्तार करने के लिए करना आदि को समाहित कर व्यक्तित्व प्रबन्धन करने की आवश्यकता है।

जीवन शैली में परिवर्तन कर व्यक्तित्व प्रबन्धन किया जा सकता है।

झारखंड में, ग्राम स्तर पर खेल प्रतियोगिताओं का आयोजन खेलो झारखंड कार्यक्रम के तहत किया जाता है। यह कार्यक्रम राज्य सरकार द्वारा ग्रामीण क्षेत्रों में खेल प्रतिभाओं को बढ़ावा देने और युवाओं को स्वस्थ गतिविधियों में शामिल करने के लिए शुरू किया गया है। झारखंड में शहरी क्षेत्रों में अमृत योजना के तहत स्वस्थ जीवन यापन के लिए पार्क बनाये जा रहे हैं, परन्तु इसकी आवश्यकता ग्रामीण क्षेत्रों में भी हो सकती है। व्यायाम एवं कसरत को बढ़ावा देने की दिशा मे शारीरिक प्रशिक्षक की नियुक्ति ग्राम स्तर पर की जानी चाहिए। राजस्थान में ग्राम पंचायत स्तर पर राजीव गांधी ग्रामीण ओलंपिक खेल प्रतियोगिता का आयोजन किया जाता है, जिसके लिए प्रत्येक ग्राम पंचायत में 4-5 शारीरिक शिक्षकों की नियुक्ति की जाती है। ऐसा कार्यक्रम झारखण्ड राज्य में भी लागू किया जा सकता है। ग्राम स्तर पर 'सरकारी जिम' खोलते हुए नवयुवकों को शारीरिक गतिबिधियो की ओर आर्कषित किया जा सकता है, जैसा कि बिहार सरकार ग्राम पंचायत स्तर पर सरकारी जिम (ओपन जिम) स्थापित कर रही है। अस्पताल में जीवन शैली विशेषज्ञ की नियुक्ति करना अति महत्वपूर्ण है। अस्पताल में जीवनशैली विशेषज्ञों की नियुक्ति अस्पतालों में स्वास्थ्य और कल्याण को बढ़ावा देने के लिए की जा सकती है। यह विशेषज्ञ रोगियों को उनकी जीवनशैली में सकारात्मक बदलाव लाने में मदद करते हैं, जिससे बीमारियों को रोका जा सके और समग्र स्वास्थ्य में सुधार हो सके।

व्यायाम एवं कसरत को बढ़ावा देने की दिशा मे ग्राम स्तर पर शारीरिक प्रशिक्षक की नियुक्ति एवं पंचायत स्तर पर सरकारी जिम का स्थापना किया जा सकता है।

औद्योगिक क्षेत्र में साइकिल चालकों के लिए साइकिल जोन में विशेष रूप से साइकिल चलाने और पार्क करने के लिए जगह बनाई

जाती है। इसका उद्देश्य औद्योगिक क्षेत्र में काम करने वाले लोगों को साइकिल से आने-जाने की सुविधा प्रदान करना है, जिससे प्रदूषण कम हो और स्वास्थ्य को बढ़ावा मिल सके। झारखंड के औद्योगिक क्षेत्रों में साइकिल जोन का उपयोग मुख्य रूप से जमशेदपुर, बोकारो और आदित्यपुर आदि स्थानों में होता है, जिसे अन्य औद्योगिक क्षेत्रों में बढ़ाने की आवश्यकता है। झारखंड में, साइकिल खरीदने के लिए साइकिल सहायता योजना नामक एक योजना है। इस योजना के तहत, महिला श्रमिकों को साइकिल प्रदान की जाती है। झारखंड में साइकिल सहायता योजना के तहत, सरकार द्वारा 3000 रुपये की राशि सब्सिडी के रूप में दी जाती है। परन्तु इसके दायरे को बढ़ाते हुए प्रत्येक वर्ग को इसका लाभ दिया जाना चाहिए जैसा कि बिहार और मध्य प्रदेश में लाभ दिया जा रहा है। इसके लिए, साईकिल में सब्सिडी आधारित जनवितरण साईकिल दुकान खोली जा सकती है।

प्रदूषण मुक्त जीवन शैली के लिए सब्सिडी आधारित जनवितरण साईकिल दुकान खोली जा सकती है।

कुपोषण

सरकार कुपोषण दूर करने के लिए प्रयासरत है। कुपोषण उपचार केन्द्र सरकारी अस्पतालों में उपलब्ध हैं। आंगनबाड़ी में बच्चे, किशोरी और धात्री को अतिरिक्त पोषण की व्यवस्था है। फिर भी इस दिशा में अपेक्षित प्रगति दिखाई नही देती है। कैसे हम कुपोषण मुक्त समाज का निर्माण कर सकते है?

सरकारी अस्पतालों में कुपोषण उपचार केन्द्र होने की जानकारी का अभाव ग्रामीण क्षेत्रों में देखने के लिए मिलता है।

कुछ लोग यह कहते है कि आंगनबाड़ी केन्द्र में बच्चे भेजते है, परन्तु समय से केन्द्र नही खुलता। सेविका एवं सहायिका विलम्ब से

आंगनबाड़ी केन्द्र आते है। वहां पर महिला पर्यवेक्षिका की उपस्थिति भी यदा-कदा ही देखने को मिलती है।

कुपोषण का मतलब है शरीर को आवश्यक पोषक तत्वों की कमी या अधिकता, या उनका असंतुलन। यह स्थिति तब होती है, जब किसी व्यक्ति का आहार उसके शरीर की पोषण संबंधी जरूरतों को पूरा नहीं करता है। कुपोषण मुक्त समाज तभी देखा जा सकता है, जब सभी स्तर के लोग अपने स्वास्थ्य के प्रति जागरूक हो जाए। इसके लिए 'स्वास्थ्य ही जीवन है' मूल-मंत्र का प्रचार-प्रसार करना होगा। साथ ही, स्वास्थ्य जीवन के लिए आहार की महत्ता को भी समझना होगा। फास्ट फुड की ओर अग्रसारित समाज को मोटे अनाज की ओर मोड़ना जरूरी है, चूंकि मोटे अनाज को पोषक तत्वों का खजाना माना जाता है जिसमे ज्वार, बाजरा, रागी, गुदली, मक्का, मडुआ, तिल, चिकना, शकरकन्द आदि शामिल हैं। ये अनाज फाइबर, विटामिन और खनिजों से भरपूर होते हैं, जो स्वास्थ्य के लिए बहुत फायदेमंद हैं। इसके कई फायदे हैं। ये प्रोटीन, फाइबर, आयरन, कैल्शियम और विटामिन जैसे आवश्यक पोषक तत्वों का एक अच्छा स्रोत हैं। इनमें कम ग्लाइसेमिक इंडेक्स होता है, जो मधुमेह और हृदय रोग वाले लोगों के लिए फायदेमंद होता है। इसलिए 'मोटे अनाज की ओर लौटे' की मुहिम चलानी होगी।

फास्ट फुड संस्कृति से प्रभावित समाज को मोटे अनाज की ओर अग्रसारित किया जा सकता है।

आज जितने भी फल सब्जी आदि की उपज हो रही है, ज्यादा उगाने की होड़ में अत्यधिक मात्रा में रासायनिक खाद का उपयोग किया जा रहा है, जिससे बाजार में मिल रहे फल, सब्जी आदि दूषित हो रहे है, उससे उसका पोषक तत्व कम हो जा रहा है। इससे बचने के लिए जैविक खाद को बढ़ावा दिया जाना चाहिए। जैविक खाद या ऑर्गेनिक

खाद एक प्रकार की खाद है जो प्राकृतिक पदार्थों से बनाई जाती है, जैसे गोबर खाद, केंचुआ खाद आदि। यह खाद मिट्टी की उर्वरता को बढ़ाती है और पौधों के विकास के लिए आवश्यक पोषक तत्व प्रदान करती है। सिक्किम पूरी तरह से जैविक कृषि अपनाने वाला भारत का पहला राज्य बन गया है। त्रिपुरा और उत्तराखंड राज्य भी इस लक्ष्य की प्राप्ति की दिशा में प्रयास कर कर रहे हैं। इसी प्रकार झारखण्ड राज्य में भी जैविक कृषि को बढ़ावा देने की आवश्यकता है।

रासायनिक खाद का उपयोग के स्थान पर जैविक खाद पर होने वाले उन्नत कृषि को बढ़ावा दिया जा सकता है।

आंगनबाड़ी केन्द्र को और सशक्त बनाने की दिशा में बाल क्रीड़ा सामग्री की समुचित व्यवस्था और सुसज्जित कक्षा के साथ-साथ, विद्यालय पूर्व शिक्षा के लिए सभी आंगनबाड़ी केन्द्रों के सेविका सहायिका और पोषण सखी को प्रशिक्षित की जा रही है। यह प्रशिक्षण मुख्य रूप से कुपोषण से निपटने और बच्चों के बेहतर स्वास्थ्य और पोषण के लिए दिया जाता है। साथ ही, सेविका, सहायिका एवं पोषण सखी को सरकारी प्राथमिक विद्यालय के शिक्षकों की तर्ज पर उनका स्थाईकरण कर वेतन भुगतान किया जाना चाहिए एवं आंगनबाड़ी केन्द्र का नाम प्ले स्कूल कर दिया जाना चाहिए।

आंगनबाड़ी केन्द्र का नाम प्ले स्कूल कर उसमे कार्यरत सेविका सहायिका और पोषण सखी को प्राथमिक विद्यालय के शिक्षक का दर्जा दिया जा सकता है।

वृहद संख्या में आंगनबाड़ी केन्द्र होने के कारण इसका पर्यवेक्षण एक चुनौतिपूर्ण कार्य है। एक-एक महिला पर्यवेक्षिका के पास 30-40 केन्द्रों का पर्यवेक्षण का भार है, जिसके लिए उन्हें पर्यवेक्षण वाहन के रूप में स्कूटी की व्यवस्था सरकारी स्तर पर की जानी चाहिए। अगर

पर्यवेक्षण वाहन मुहैया नही कराया जाता है, तो पर्यवेक्षकों की संख्या बढ़ाते हुए पर्यवेक्षकों की नियुक्ति की जानी चाहिए।

आंगनबाड़ी के महिला पर्यवेक्षिकाओं को पर्यवेक्षण हेतु स्कूटी की व्यवस्था की जा सकती है।

स्वच्छता

पूरे भारत में स्वच्छ भारत निर्माण का मुहिम छेड़ते हुए प्रत्येक मकान में शौचालय निर्माण हेतु प्रोत्साहित किया जा रहा है। खुले में शौच मुक्त करने हेतु गांधी-गिरी भी हो रही है। शौचालयों का निर्माण हो रहे है; परन्तु गांव खुले से शौचमुक्त नही हो पा रहा है। कैसे हम स्वच्छ भारत का निर्माण कर सकेंगे?

कुछ लोग यह कहते है कि स्वच्छता के प्रति राष्ट्रीय भावना विकसित होना बहुत अच्छी बात है, परन्तु शौचालय थोपा जाना ठीक नही है। ग्रामीणों का शौचालय निर्माण गॉव की संस्कृति को बर्बाद कर रहा है। गांव में लोग अहले सुबह जाग जाते है, खेत खलिहान देखने, माल मवेशी को चारा देने आदि महत्वपूर्ण कार्य सम्पादन करना होता है, जिसे परिवार के सभी सदस्य मिलकर पूरा करते है। इसके लिए सब को अंधेरिये जगना अति-आवश्यक होता है-शौच के बहाने ही सही, सभी लोग जाग जाते है और उसके बाद सभी कार्य निबटा लेते है। अब जो लोग शौचालय निर्माण करके उपयोग करना प्रारम्भ कर दिए है इससे उनकी कार्य संस्कृति परिवर्त्तित होने लगी है, लोग देर समय तक सोने लगे है और घर का सारा काम धरा का धरा रह जा रहा है।

कुछ लोग यह बताते है कि खुले में शौच होने से सुकरों को भोजन मिल जाता था, जिसके अभाव में उसका पालन-पोषण प्रभावित होता है।

कुछ लोग यह भी समझते है कि छोटे से कमरे में बैठकर शौच करना स्वास्थ्य के लिए अच्छा नही है। कुछ लोग इसे परम्परा से जोड़कर मकान के आस-पास नही बनाना चाहते हैं।

परन्तु कुछ लोग काफी आशावान है। उनका मानना है कि सबसे बड़ी व्यावहारिक समस्या पानी की है। गांव में पानी का साधन कुआं, पोखर, चापाकल आदि है। नल कूप से पानी पहुंचाने की व्यवस्था नही है, जिसके कारण शौचालय बन जाने के कारण भी लोग उसका उपयोग करना नही चाहते है। इसलिए सरकार यदि चाहती है कि लोग शौचालय बना कर वास्तव में उसका उपयोग करें, तो उन्हें सबसे पहलेघर-घर पानी पहुंचाने की व्यवस्था सुनिश्चित करनी चाहिए।

शौचालय निर्माण और उपयोग समुदाय आधारित होना चाहिए। समुदाय आधारित सम्पूर्ण स्वच्छता (सीएलटीएस) समुदायों में स्वच्छता और सफाई में सुधार के लिए इस्तेमाल किया जाने वाला एक सहभागी दृष्टिकोण है, जिसमें व्यक्तिगत घरेलू शौचालय निर्माण की बजाय सामूहिक व्यवहार परिवर्तन पर ध्यान केंद्रित किया जाता है एवं शौचालय का उपयोग नहीं करने पर सामाजिक दण्ड का भी प्रावधान है।

शौचालय का उपयोग नहीं करने पर सामाजिक स्तर पर दण्ड अधिरोपित किया जा सकता है।

इसका उद्देश्य समुदायों को अपनी स्वच्छता प्रथाओं का विश्लेषण करने और सामूहिक रूप से समाधान पर निर्णय लेने के लिए प्रोत्साहित करके खूले में शौच को खत्म करना है। स्वच्छ भारत मिशन के तहत इसे लागू किया जा रहा है। परन्तु इसकी सफलता के लिए आवश्यक है कि सरकारी प्रयास से घर-घर पानी पहुंचे एवं समुदाय जागृत हो। इस प्रकार, जब जागृत समाज में पानी की व्यवस्था हो जाए, तो शौचालय निर्माण कर इसके उपयोग के प्रति लोगों का उत्साह बढ़ जाएगा। अर्थात्

'पहले पानी, फिर शौचालय'का आन्दोलन छेड़ कर स्वच्छता अभियान को सफल बनाया जा सकता है।

'पहले पानी, फिर शौचालय'का आन्दोलन छेड़ कर स्वच्छता अभियान को सफल बनाया जा सकता है।

अंग दान

मनुष्य जन्म से ही सामाजिक प्राणी है। वह स्वभाव से ही मददगार है, दानी है। रक्त दान की व्यवस्था होती है तो नौजवानों में दान करने की होड सी लग जाती है। नेत्रदान, अंग-दान आदि पर लोग उतना जागरूक नही हैं। कई ऐसी दर्दनाक दुर्घटनाएं हो जाती है जिसमें शव लावारिस पड़े होते है, उसके कई अंग बिलकुल सही अवस्था में होते है परन्तु उसका उपयोग नही हो पाता। इसके अलावा बहुत सारे दानशील मनुष्य भी है जो जीवित अवस्था में ही नेत्रदान, अंगदान आदि करने की घोषणा करना चाहते है। इसके लिए कैसी व्यवस्था अपेक्षित है?

दुर्घटनाग्रस्त मृत व्यक्ति या असामयिक रूप से मृत व्यक्ति के पोस्टमार्टम में यह स्पष्ट होता है कि उनके कई अंग अच्छी अवस्था में है परन्तु उसका कोई उपयोग नही किया जाता है, जबकि दूसरी ओर कई मरीज अंगदान के अभाव मे अपना जीवन भी खो देते है।

अंगदान एक महत्वपूर्ण आवश्यकता है, खास कर किडनी, जो मधुमेह जैसे रोग में जल्द खराब हो जाता है तथा आवश्यकता पड़ने पर लाखों खर्च करने के उपरांत भी नही मिल पाता है या मिलता भी है तो कोई माफिया से, जो अंग बेचने के व्यवसाय में अन्तर्लिप्त होता है। इससे भोली-भाली जनता कई बार धोखे का शिकार हो जाती है और अपना आवश्यक अंग गंवा बैठती है। चूंकि अधिकांश किडनी प्रत्यारोपण मृतक दाताओं से होते हैं। मृतक दाता से किडनी प्राप्त करने के लिए

राष्ट्रीय प्रत्यारोपण प्रतीक्षा सूची में जाना होता है, जहां मृतक दाता की किडनी के लिए औसत प्रतीक्षा अवधि 2-3 वर्ष होती है।

कुछ लोग बताते है कि रक्त की व्यवस्था हो जाने से बहुत सारे लोगों की जान बच जाती है। दुर्घटना से घायल व्यक्ति का कई बार इतना खुन बह जाता है कि वह मृत्यु के कगार में आकर खड़ा हो जाता है। उसका जीवन रक्षा सिर्फ रक्त दान से ही संभव हो पाता है, जब कोई दानी व्यक्ति अपना रक्तदान कर दे।

कुछ लोग यह भी मानते है कि कई ऐसे रोग भी होते है यथा एनीमिया, थैलेसीमिया, ल्यूकेमिया जब शरीर में रक्त चढ़ाने की आवश्यकता होती है, तभी रोगी की जान बच पाती है। इसके लिए तो रक्त बैंक भी है। परन्तु, नेत्रदान या अंगदान की ऐसी कोई व्यवस्था नही है। बहुत सारे लोग ऐसे हैं जो नेत्र के अभाव में बिल्कुल देख नही पाते। उसके लिए प्रकृति और रिश्ते सिर्फ महसूस करने के लिए हो जाते है। यदि रक्तदान के समान ही नेत्रदान-अंग दान की भी व्यवस्था हो तो जीवन सार्थक हो जाए।

मनुष्य एक मरणशील प्राणी है, जिसका शरीर विकास से प्रारम्भ होकर क्षय तक की दूरी तय करता है। उनकी दानशीलता ने हमेशा से समाज को सबल बनाने का कार्य किया है। अंग दान की व्यवस्था में सुधार के लिए राज्य सरकार द्वारा कानून बनाकर ऐसी व्यवस्था की जानी चाहिए कि दुर्घटनाग्रस्त रूप से मृत व्यक्ति या असामायिक रूप से मृत व्यक्ति के सही अंगों का उपयोग आवश्यक मरीज के लिए किया जा सके। इसे लागू करने के लिए आवश्यक तकनीक विकसित करने हेतु वैज्ञानिकों को प्रोत्साहित किया जाना चाहिए, ताकि रोगी को कर्णांकित करते हुए तत्काल हुए दुर्घटनाग्रस्त मृत व्यक्ति का अंग उपयोग में लाया जा सके।

तत्काल हुए दुर्घटनाग्रस्त मृत व्यक्ति के अंग का उपयोग में लाने हेतु बिधेयिका लाई जा सकती है।

नेत्रदान की व्यवस्था तो विकसित है, परन्तु इसके प्रति लोग जागरूक नही हैं। नेत्र दान की प्रक्रिया मृत्यु के बाद की जाती है और इसके लिए इच्छुक व्यक्ति को जीवनकाल में नेत्र दान की इच्छा व्यक्त करनी होती है। नेत्र दान के लिए इच्छुक व्यक्ति को जीवनकाल में नेत्रदान का संकल्प लेना चाहिए। इसके लिए राष्ट्रीय या स्थानीय नेत्र बैंक में पंजीकरण कराया जा सकता है। परिवार के सदस्यों को इस निर्णय की जानकारी देना बहुत जरूरी है, क्योंकि मृत्यु के बाद वही नेत्र दान की अनुमति देते हैं। जब किसी नेत्रदाता की मृत्यु होती है, तो तुरंत नजदीकी नेत्र बैंक या नेत्रदान संस्था को संपर्क करना होता है। नेत्रों को मृत्यु के 6-8 घंटे के अंदर सुरक्षित रूप से निकालना जरूरी होता है। प्रशिक्षित डॉक्टर या तकनीशियन द्वारा मृत व्यक्ति की आंखों से कॉर्निया निकाली जाती है। यह एक छोटी और गैर-विकृत प्रक्रिया होती है यानी चेहरा बिगड़ता नहीं है। पूरा प्रोसेस करीब 15-20 मिनट में पूरा हो जाता है। परन्तु इसकी संपूर्ण प्रक्रिया को सरल बनाने हेतु नेत्रदान के लिए निबंधित व्यक्तियों के परिवार का सदस्यों के साथ लगातार बैठक करने की आवश्यकता है।

नेत्रदान के लिए निबंधित व्यक्तियों के परिवार का सदस्यों के साथ लगातार बैठक किया जा सकता है।

रक्तदान वह प्रक्रिया है, जिसमें स्वस्थ व्यक्ति अपने शरीर से थोड़ी मात्रा में रक्त निकालकर ब्लड बैंक को देता है, ताकि आवश्यकता पड़ने पर उस रक्त को किसी मरीज को चढ़ाया जा सके। इसकी प्रेरणा विद्यालय स्तर पर ही विद्यार्थीयों को दी जानी चाहिए, ताकि रक्तदान हेतु नौजवान तैयार अवस्था में मिले। इसके अलावा विद्यालय में रक्त समूह

की जांच आवश्यक कर दी जाए, जो मैट्रिक के प्रमाण पत्र पर दर्ज हो। इसके अलावा; आवश्यक है कि ग्राम स्तर पर सभी व्यक्तियों का ईलाज संबंधित डाटा का रिकार्ड इलेक्ट्र्रेनिक तरीके से रखने हेतु हेल्थ कार्ड की व्यवस्था हो, ताकि आकस्मिक परिस्थिति में उन रिकार्ड को खंगाल कर व्यक्ति की आवश्यक इलाज किया जा सके।

मैट्रिक के प्रमाण पत्र पर ब्लड ग्रुप अंकित किया जा सकता है एवं सभी व्यक्तियों के ईलाज संबंधित डाटा का हेल्थ कार्ड बनाया जा सकता है।

संक्षेप में

जीवन शैली जनितरोग

जीवन शैली जनितरोगसे बचने के लिए, समय प्रबंधन कर जीवन शैली में परिवर्त्तन करना, अपनो के लिए समय निकालना, इन्टरनेट का प्रयोग ज्ञान का विस्तार करने के लिए करना आदि को समाहित कर व्यक्तित्व प्रबन्धन करने की जरूरत है। शारीरिक प्रशिक्षक की नियुक्ति ग्राम स्तर पर किया जाना चाहिए। प्रत्येक ग्राम स्तर पर सरकारी जिम खोलना, सरकारी अस्पताल में कम से कम एक जीवन शैली विशेषज्ञ की नियुक्ति की व्यवस्था होनी चाहिए। औद्योगिक क्षेत्रों में साईकिल जोन बनाया जाना चाहिए। साईकिल में सब्सिडी आधारित जनवितरण साईकिल दुकान खोला जा सकती है।

कुपोषण

कुपोषण से बचने के लिएकुपोषण उपचार केन्द्र का प्रचार-प्रसार ग्रामीणों में किया जाना चाहिए, ताकि ज्यादा से ज्यादा ग्रामीणों में इसकी जानकारी पहुॅच सके। 'मोटे अनाज की ओर लौटे' की मुहिम चलानी होगी। जैविक खाद को बढ़ावा दिया जाना चाहिए। आंगनबाड़ी केन्द्र को और सशक्त बनाने की दिशा में बाल क्रीड़ा सामग्री की समुचित व्यवस्था होनी चाहिए। सेविका, सहायिका एवं पोषण सखी को सरकारी प्राथमिक विद्यालय के शिक्षकों की तर्ज पर उनका स्थाईकरण कर वेतन भुगतान किया जाना चाहिए एवं आंगनबाड़ी केन्द्र का नाम प्ले स्कूल कर दिया जाना चाहिए। महिला पर्यवेक्षिकाको पर्यवेक्षण वाहन के रूप में स्कूटी की व्यवस्था सरकारी स्तर पर की जानी चाहिए।

स्वच्छता

शौचालय निर्माण और उपयोग समुदाय आधारित होना चाहिए। स्वच्छ भारत मिशन के सफलता के लिए आवश्यक है कि सरकारी प्रयास

से घर-घर पानी पहुंचे एवं समुदाय जागृत हो। "पहले पानी, फिर शौचालय"के माध्यम से लोगो को जागरूक करके स्वच्छता को सफल बनाया जा सकता है।

अंग दान

अंग दान से पहले लोगों में जागरूकता फैलायी जानी चाहिए कि नेत्रदान और अंगदान क्या है और कब और कैसे किया जाता है। ऐसा कानून बनाया जाना चाहिए कि दुर्घटनाग्रस्त रूप से मृत व्यक्ति या असामयिक रूप से मृत व्यक्ति के सही अंगों का उपयोग आवश्यक मरीज के लिए किया जा सके। आवश्यक तकनीक विकसित करने हेतु वैज्ञानिकों को प्रोत्साहित किया जाना चाहिए, ताकि रोगी को कर्णांकित करते हुए तत्काल हुए दुर्घटनाग्रस्त मृत व्यक्ति का अंग उपयोग में लाया जा सके। नेत्रदान की व्यवस्था तो विकसित है, परन्तु इसके प्रति लोग जागरूक नही हैं। नेत्र दान की प्रक्रिया मृत्यु के बाद की जाती है और इसके लिए इच्छुक व्यक्ति को जीवनकाल में नेत्र दान की इच्छा व्यक्त करनी होती है। नेत्र दान के लिए इच्छुक व्यक्ति को जीवनकाल में नेत्रदान का संकल्प लेना चाहिए। नेत्रदान की संपूर्ण प्रक्रिया को सरल बनाने हेतु नेत्रदान के लिए निबंधित व्यक्तियों के परिवार का सदस्यों के साथ लगातार बैठक करने की आवश्यकता है।

साथ ही, रक्तदान, नेत्रदान और अंगदान की प्रेरणा विद्यालय स्तर पर ही विद्यार्थीयों को दी जानी चाहिए। इसके अलावा, विद्यालय में रक्त समूह की जांच आवश्यक कर दिया जाए, जो मैट्रिक के प्रमाण पत्र पर दर्ज हो। ग्राम स्तर पर सभी व्यक्तियों का इलाज संबंधित डाटा का रिकार्ड इलेक्ट्रॉनिक तरीके से रखने की व्यवस्था होनी चाहिए, ताकि आवश्यकता पडने पर उस डाटा का उपयोग किया जा सके।

5

चुनाव पद्धति

भारत एक प्रजातांत्रिक देश है। किसी भी प्रजातांत्रिक देश के लिए चुनाव पद्धति बहुत अहम पहलू होता है। जैसे जन-प्रतिनिधि चुने जाएंगे वैसे शासन व्यवस्था होगी फिर उसी प्रकार प्रशासनिक ढांचा भी तैयार होगा। वैसी प्रशासनिक व्यवस्था से ही हमारा दैनिक जीवन भी प्रभावित होगा। भारत जैसे विशाल देश के लिए चुनाव पद्धति एक चुनौतीपूर्ण एवं जटिल प्रक्रिया से जुड़ा है। चुनाव तैयारी वोटर लिस्ट के सुधार, नया नाम जोड़ने, घटाने, सुधारने से लेकर अंतिम प्रामाणिक प्रकाशन तक एक सतत प्रक्रिया है। चुनाव की घोषणा होने के पहले से ही उसकी तैयारी में पूरा प्रशासनिक महकमा जुड़ जाता है। किसी भी स्तर पर एक चूक चुनाव पद्धति को प्रभावित कर सकता है। आदर्श आचार संहिता लागू की जाती है। उसी मानक परिस्थिति में चुनाव कराना होता है। चुनाव के प्रचार-प्रसार से जनता तक चुनाव लड़ने वाले अभ्यार्थियों का संदेश पहुंचाया जाता है। अंततः चुनाव सम्पन्न होता है; फिर उसके परिणाम घोषित किए जाते है। इन सभी प्रक्रिया में शासन-प्रशासन का संबंध महत्वपूर्ण हो जाता है।

बूथ प्रबंधन

चुनाव बहुत हद तक बूथ प्रबंधन पर आश्रित है। प्रत्येक बूथ तक सुविधाजनक ढंग से पहुंच, रात्रि विश्राम हेतु बिजली, पानी साफ-सफाई एवं समुचित कमरे की आवश्यकता पड़ती है। सड़क बिजली, पानी आदि चन्द दिनों में प्रतिपूर्त्ति नही हो सकती है। इसकी तैयारी दीर्घकालीन स्तर पर करने की आवश्यकता होती है। बूथों की व्यवस्था में कैसा सुधार अपेक्षित है?

कुछ लोग कहते है कि चुनाव नजदीक आने पर प्रशासन जागृत होती है। विद्यालय भवन की देख-रेख और उसके रख रखाव सतत् प्रक्रिया है परन्तु चुनाव नजदीक आने पर बिजली-पानी की व्यवस्था की चिन्ता सताने लगती है। कई लोग नाराजगी व्यक्त करते हुए बताते हैं कि विद्यालय का भवन जर्जर होता है, जिसकी मरम्मति पूर्व से नही की जाती है। भवन की जर्जर हालत में ही बच्चे पढ़ते हैं। जब बच्चे पढ़ सकते है, तो वैसी अवस्था में चुनाव एक दिन क्यों नही कराया जा सकता है?

कुछ लोग प्रश्न करते हैं कि मौसम खराब रहने पर किसी कक्षा में प्रकाश कम होता है, फिर भी शिक्षक कम रोशनी में ही पढ़ा रहे होते है; क्या विद्यालय में बिजली देने के लिए चुनाव नजदीक आने की आवश्यकता है? कुछ लोग बताते हैं कि चापाकल दुरूस्त करने के लिए समूचित स्थानीय व्यवस्था नही हैं। एक बार चापाकल खराब हो गया, तो महीनों खराब ही पड़े रहते हैं, परन्तु चुनाव नजदीक आने पर चुन-चुन कर विद्यालय के चापाकल मरम्मत कराये जाते है।

कुछ लोग कहते हैं कि कई विद्यालयों में पहुंच पथ की स्थिति अच्छी नहीं है। कई सारे विद्यालय रैयती भूमि पर बने रहने के कारण सम्पर्क पथ के लिए भूमि मुहैया नही की जाती है जिससे विद्यालय पर पहुंचना कठिन हो जाता है। कई सारे गांव ही पहुंच पथ से कटे हुए है। क्या ये सब चुनाव के पूर्व संध्या में ही दुरूस्त किया जाना चाहिए?

प्रत्येक ग्राम में कम-से-कम एक मतदान भवन विकसित किया जाना चाहिए जहां पर सारी व्यवस्था पहले से हो। भारत जैसे विशाल देश में सभी चीजें दुरूस्त किया जाना कठिन है; परन्तु पूरे गांव में कम-से-कम एक भवन को मॉडल के रूप में विकसित किया जा सकता है।

प्रत्येक ग्राम में निर्वाचन आयोग के प्रत्येक मानकों के साथ कम-से-कम एक मतदान भवन विकसित किया जा सकता है।

चुनाव के दिनों से हटकर उक्त मतदान भवन को सार्वजनिक उपयोग के लिए भी घोषणा किया जा सकता है, चाहे वह सामुदायिक भवन या विवाह मण्डप के रूप में हो या अन्य कोई सार्वजनिक उपयोग में। उसका निर्माण करवा कर स्थानीय प्रबंधन कमिटी को उसका प्रबंधन सौंप देना चाहिए तथा उससे होने वाली आमदनी से साफ सफाई आदि के लिए एक कर्मी को मानदेय का भी भुगतान किया जाना चाहिए, ताकि उसका समुचित रख रखाव हो सके तथा आवश्यकता पड़ने पर मतदान केन्द्र के रूप में भी उपयोग किया जा सके। ऐसा करने पर चुनाव की पूर्व संध्या पर बूथ प्रबंधन को लेकर समय बच सकेगा, जिसका उपयोग अन्य प्रशासनिक गतिबिधि में किया जा सकेगा। इस प्रकार एक ग्राम में मानक मतदाता की संख्या के अनुसार मतदान केन्द्र निर्धारित करते हुए उतनी संख्या में मतदान भवन विकसित किया जाना चाहिए।

चुनाव के दिनों से हटकर उक्त मतदान भवन को सामुदायिक भवन या विवाह मण्डप आदि के रूप में उपयोग किया जा सकता है।

आदर्श आचार संहिता

जन-प्रतिनिधिगण अक्सर चुनाव के दिनों में ज्यादा सक्रिय मिलते है। चुनाव के अंतिम समय में मतदाताओं को रिझाने के लिए कई प्रयास किये जाते है, जो मानक के अनुकुल नहीं होता है। वैसी परिस्थितियों

से निपटने के लिए आदर्श आचार संहिता का अनुंपालन आवश्यक हो जाता है। आदर्श आचार संहिता का अनुपालन और सटीक कैसे बनाया जा सकता है?

आदर्श आचार संहिता का प्रचार-प्रसार एक महत्वपूर्ण प्रक्रिया है, ताकि सभी राजनीतिक दलों, उम्मीदवारों, और आम जनता को इसके नियमों और दिशा-निर्देशों के बारे में जागरूक किया जा सके। इसका उद्देश्य यह सुनिश्चित करना होता है कि चुनाव निष्पक्ष, शांतिपूर्ण, और लोकतांत्रिक रूप से संपन्न हों।

आदर्श आचार संहिता का प्रचार प्रसार विभिन्न तरीकों से किया जाता है-

चुनाव आयोग आदर्श आचार संहिता के बारे में समय-समय पर विस्तृत दिशा-निर्देश जारी करता है। ये दिशा-निर्देश आम तौर पर मीडिया के माध्यम से प्रचारित किए जाते हैं, ताकि उम्मीदवार और राजनीतिक दल इसे सही तरीके से समझ सकें और पालन कर सकें।

प्रिंट और इलेक्ट्रॉनिक मीडिया समाचार पत्र, टीवी चैनल्स, और रेडियो के माध्यम से आदर्श आचार संहिता के नियमों और उल्लंघनों के बारे में जानकारी दी जाती है। चुनाव आयोग समय-समय पर विज्ञापनों और सार्वजनिक सेवा संदेशों के जरिए चुनावी आचार संहिता के बारे में जागरूकता बढ़ाता है। सोशल मीडिया प्लेटफॉर्म्स (जैसे ट्विटर, फेसबुक, इंस्टाग्राम) का उपयोग भी बढ़ा है। चुनाव आयोग चुनावों से पहले सोशल मीडिया पर जागरूकता फैलाने के लिए प्रचार करता है, खासकर जब बात डिजिटल चुनावी प्रचार की हो।

चुनाव आयोग विभिन्न प्रशिक्षण सत्रों और कार्यशालाओं का आयोजन करता है, जिसमें उम्मीदवारों, राजनीतिक दलों, और चुनाव अधिकारी को आदर्श आचार संहिता के पालन के बारे में बताया जाता

है। यह प्रशिक्षण कार्यक्रम चुनावी क्षेत्र में फैले होते हैं, ताकि सभी संबंधित लोग अपने कर्तव्यों और अधिकारों को समझ सकें।

अगर कोई व्यक्ति आदर्श आचार संहिता का उल्लंघन करता है, तो चुनाव आयोग ने शिकायत दर्ज करने के लिए ऑनलाइन और ऑफलाइन माध्यम दोनों प्रदान किए गए हैं। इससे चुनाव आयोग को उल्लंघनकर्ताओं के खिलाफ त्वरित कार्रवाई करने का अवसर मिलता है और इस प्रक्रिया का प्रचार भी होता है।

गांवों और कस्बों में सूचना वितरण चुनाव आयोग आदर्श आचार संहिता के बारे में जानकारी देने के लिए गांवों और छोटे शहरों में प्रचार करता है। ये कार्यक्रम पंचायत स्तर पर होते हैं, ताकि स्थानीय लोग भी इसके महत्व को समझ सकें। इलेक्ट्रॉनिक पोस्टर्स और होर्डिंग्स आदर्श आचार संहिता के नियमों को जनता तक पहुंचाने के लिए विभिन्न स्थानों पर पोस्टर और होर्डिंग्स लगाए जाते हैं, जिनमें नियम और दंड के बारे में जानकारी दी जाती है।

चुनाव आयोग राजनीतिक दलों और उम्मीदवारों से आदर्श आचार संहिता के पालन की अपेक्षाएं करता है। इसके लिए उन्हें लिखित दिशा-निर्देश दिए जाते हैं और इन्हें सार्वजनिक रूप से स्वीकार करने के लिए कहा जाता है।

अगर कोई राजनीतिक दल या उम्मीदवार आदर्श आचार संहिता का उल्लंघन करता है, तो चुनाव आयोग सख्त कदम उठाता है, जैसे चुनाव प्रचार पर रोक लगाना, जुर्माना लगाना या चुनाव परिणामों को रद्द करना। इस सजा प्रणाली का प्रचार भी इस बात को सुनिश्चित करता है कि लोग नियमों का पालन करें।

चुनाव आयोग और सरकार विभिन्न टीवी और रेडियो चैनलों पर सार्वजनिक सेवा घोषणाएं प्रसारित करती हैं, जिनमें आदर्श आचार संहिता के पालन की आवश्यकता के बारे में बताया जाता है।

राजनीतिक दल चुनाव आयोग के समक्ष यह घोषणा करते हैं कि वे आदर्श आचार संहिता का पालन करेंगे और अपने उम्मीदवारों को भी इसके प्रति जागरूक करेंगे।

आजकल इंटरनेट का प्रभाव बढ़ने के कारण चुनाव आयोग ने ऑनलाइन और डिजिटल मंचों पर भी आदर्श आचार संहिता के प्रचार के लिए अभियान चलाए हैं। इसके तहत वेबसाइटों, ऐप्स और अन्य डिजिटल मीडिया माध्यमों पर नियमित रूप से जानकारी और अपडेट दिए जाते हैं।

आदर्श आचार संहिता एक दिशा-निर्देशों का सेट होता है, जिसे चुनावी प्रक्रिया के दौरान राजनीतिक दलों और उम्मीदवारों के आचरण को नियंत्रित करने के लिए जारी किया जाता है। यह आचार संहिता सुनिश्चित करती है कि चुनाव निष्पक्ष, पारदर्शी और शांतिपूर्ण तरीके से हो। यह संहिता मुख्य रूप से भारतीय चुनाव आयोग द्वारा निर्धारित की जाती है और इसका उद्देश्य चुनावों में आदर्श और नैतिकता बनाए रखना है। इसमें चुनावी प्रचार, उम्मीदवारों की गतिविधियां, सरकारी संसाधनों का दुरुपयोग और पार्टी या उम्मीदवारों द्वारा जनता से किए गए वादों के बारे में दिशा-निर्देश दिए जाते हैं।

कुछ लोग व्यवस्था से नाराजगी जताते हुए बताते है कि चुनावी अभ्यर्थियों के लिए कुछ आदर्श नही है। उनके लिए सिर्फ चुनाव में जीतना ही लक्ष्य होता है। जो खुद आदर्श नही है वह आदर्श आचार संहिता का कैसे पालन करेगा? उन्हें सीमित वाहन उपयोग करने के लिए कहा जाएगा परन्तु वे लोग असीमिति संख्या में वाहन उपयोग में लाएगें, उन्हें सीमित खर्च के लिए बोला जाएगा परन्तु वे लोग असीमित खर्च करेंगे।उन्हे सामान्य तरीके से प्रचार-प्रसार के लिए बोलो जाएगा, परन्तु वे लोग असमान्य तरीके से प्रचार-प्रसार करेंगे। कुछ लोग चुनौतिपूर्ण शब्दो में बताते हैं कि कई बार अभ्यर्थी स्वंय संहिता के बारे में नही जानता है, तो उसका अनुपालन सुनिश्चित किया जाना संशय से भरा

होता है। इसके लिए आदर्श आचार संहिता का प्रशिक्षण और प्रभावी ढंग से करते हुए प्रत्येक अभ्यर्थी को इसका समुचित जानकारी सुनिश्चित की जानी चाहिए।

आदर्श आचार संहिता अभ्यर्थी के व्यवहार को सीमित करती है। परन्तु यह विपरीत व्यवहार की भावना को भी विकसित कर देती है। अतः आवश्यक है कि आदर्श व्यक्तित्व को नेतृत्व सौपा जाना चाहिए।

आदर्श आचार संहिता पालन करने वाले आदर्श व्यक्तिव को सत्ता का कमान सौंपा जा सकता है।

यह एक सतत प्रक्रिया है, जो कुछ दिनों में विकसित नही की जा सकती। इसके लिए आवश्यक है कि आदर्श व्यक्तित्व को रोल मॉडल बनाते हुए प्रत्येक वर्ष पुरस्कृत किया जाये ताकि मतदान के दिन आदर्श व्यक्तित्व के चुनाव में परेशानी न हो। जनता जागरूक हो और आदर्श व्यक्तित्व का चुनाव करे तो अभ्यर्थी से आदर्श आचरण की अपेक्षा निश्चित रूप से की जा सकती है।

आदर्श व्यक्तित्व को रोल मॉडल बनाते हुए प्रत्येक वर्ष पुरस्कृत किया जा सकता है।

चुनाव प्रचार

चुनाव प्रचार वह प्रक्रिया होती है, जिसमें राजनीतिक दल या उम्मीदवार अपने विचार, योजनाएं और वादे जनता तक पहुंचाने के लिए विभिन्न माध्यमों का उपयोग करते हैं। इसका उद्देश्य मतदाताओं को आकर्षित करना, उन्हें अपने पक्ष में वोट देने के लिए प्रेरित करना और चुनावी जीत हासिल करना होता है। चुनाव प्रचार किसी भी चुनावी प्रक्रिया का अभिन्न हिस्सा होता है और यह लोकतंत्र को जीवित रखने में महत्वपूर्ण भूमिका निभाता है। परन्तु कान-फाडू साउण्ड सिस्टम, एक दूसरे

अभ्यर्थियों पर व्यक्तिगत लांक्षण के अलावा विजन एवं दूरदर्शिता को सर्वथा अभाव की स्थिति में चुनाव प्रचार-प्रसार प्रारम्भ किया जाता है। प्रशासन की सीमाओं को परख कर अभ्यर्थियों के द्वारा नाजायज फायदा उठाया जाता है। पोस्टर, पम्पलेट, दीवार लेखन आदि कर सरकारी सम्पत्ति का विरूपण किया जाता है। आदर्श चुनाव प्रचार की कैसी पद्धति हो, जिसे सभी अभ्यर्थी आसानी से अमल कर सके?

कुछ लोग यह कहते है कि चुनाव प्रचार के दौरान ऐसा लगता है, मानों कोई पर्व आ गया है। अलग-अलग अभ्यर्थी अलग-अलग पार्टी के बैनर तले या निर्दलीय ही अलग-अलग लोक लुभावन दावों के साथ पहुंचते है। वे ऐसे-ऐसे दूरस्थ स्थान पर भी पहुंचते है, जहां पर सामान्यतः लोग दिखाई नही देते है। यहां हर काम के लिए पैसा मिलता है। बैनर-पोस्टर लगाने के लिए, पम्पलेट बांटने के लिए, प्रचार करने के लिए आदि, इन दिनों घर में आमदनी बढ़ जाती है।

कुछ लोग का कहना है कि उनके चुनाव प्रचार में इतना शोर होता है कि विद्यालय में पढ़ रहे बच्चे एवं हॉस्पिटल में इलाजरत मरीज परेशान होते है। बच्चों की परीक्षा हो तो वह भी प्रभावित होती है। कुछ लोग बतलाते है कि भाषणबाजी सभी सीमाओं को पार कर व्यक्तिगत लांक्षण तक पहुंच जाती है। कोई दूरदर्शीता नही होती। सिर्फ आरोप-प्रत्यारोप होता रहता है। गरीब ग्रामीण को पैसे के बल पर गाड़ी में बैठा-बैठा कर भाषण स्थल पर ले जाया जाता है।

कुछ लोग तो कहते है कि वे कई पार्टियों की सभा में पैसे लेकर पहुंचते है; चूंकि बड़े नेताओं के आगमन पर भीड़ जुटाना आवश्यक होता है, उसके लिए स्थानीय भीड़ जुटाने हेतु ठेकेदार को पकड़ा जाता है, उसमें से कुछ महिला संगठन भी होते हैं।

कुछ लोग का मानना है कि जितनी गाड़ियां चुनाव में उपयोग होती है, इसके लिए फर्जी अभ्यर्थी चुनाव मैदान में खड़ा किया जाता है, जिससे वाहन, संसाधन आदि का बटवारा दिखाने के लिए तो हो जाता

है, परन्तु वह फर्जी अभ्यर्थी एक अभ्यर्थी विशेष के लिए कार्य कर रहा होता है। चुनाव के दिनों में एक ही पार्टी के बैनर, पोस्टर दीवार लेखन आदि स्थान विशेष में पाट कर यह दिखाने का प्रयास किया जाता है कि दूसरी पार्टी के लोगों की उक्त स्थान में कोई आवश्यकता नही है। यह वर्चस्व की लड़ाई को जन्म देता है। वर्चस्व की लड़ाई आदमी जुगाड़ करने में, संसाधन जुगाड़ करने में, क्षेत्र विशेष में प्रवेश करने मे निषेध करने से दिखाई पड़ता है।

चुनाव प्रचार एक महंगी प्रक्रिया है। चुनाव प्रचार में अपने धनबल, बाहुबल आदि का वर्चस्व दिखाने के लिए सर्वदा उपयोग किया जाता है। चुनाव प्रचार का नियत स्थान नही रहने के कारण अपने मनमाने ढंग से स्थल का चयन किया जाता है। समय का उचित प्रबंधन नही होने के कारण चुनाव प्रचार के समय में टकराव हो जाता है। विकसित साउण्ड सिस्टम आदि उपलब्ध होने के कारण अत्याधुनिक व्यवस्था की जाती है जिससे अधिकांशतः परेशानी बढ़ती है। इन समस्याओं के निदान हेतु स्थल और समय का पूर्व निर्धारण कर वही पर चुनाव प्रचार किया जाना सुनिश्चित होना चाहिए। अर्थात् कुछ पूर्व निर्धारित सार्वजनिक सभा स्थल पर चुनाव प्रचार करने हेतु अनुमति देने की व्यवस्था की जा सकती है। साथ ही घर-घर जाकर चुनाव प्रचार करने को प्राथमिकता दी जानी चाहिए। चुनाव के दौरान चुनाव आयोग के द्वारा मतदाता को वोट देने के लिए प्रेरित करने हेतु वृहद प्रचार-प्रसार की व्यवस्था किया जा सकता है।

चुनाव प्रचार में अन्धा-धुन्ध खर्च रोकने के लिए अभ्यर्थियों के चुनाव लड़ने, समय, स्थल आदि के बारे में जानकारी सोशल मीडिया पर वृहद स्तर पर किया जा सकता है।

इसके लिए मीडिया, सोशल मीडिया और इलेक्ट्रोनिक मीडिया का भी उपयोग किया जा सकता है। सभी स्थल तक सभी अभ्यर्थियों के

चुनाव लड़ने, समय, स्थल आदि का निर्धारित स्थल के बारे में सरकारी स्तर से चुनाव प्रचार होने पर बहुत हद तक होने वाले अन्धा-धुन्ध खर्च पर रोक लगाई जा सकती है।

विभिन्न अभ्यर्थियों से राशि जमा कराते हुए सभी निर्धारित अभ्यर्थियों के लिए सरकारी स्तर से चुनाव प्रचार हो।

चुनाव के दिन

अक्सर देखा जाता है कि चुनाव के दिन गांव, मुहल्ले में गाड़ियों का रेला लगा होता है। हर पार्टी अपने-अपने वोटरों को गाड़ी में बैठाकर बूथ तक ले जाने को तैयार होता है। कुछ बूथ तो वैसे भी होते है जहां वोटरों को जाना प्रतिबंधित होता है, वहां सिर्फ पार्टी विशेष के कार्यकर्त्ता ही वोट दे सकते है और इस वजह से कई बार पुनः मतदान कराया जाता है जिसमें साधन संसाधन का अतिरिक्त बोझ चुनाव आयोग पर पड़ता है। चुनाव के दिन शांतिपूर्ण मतदान कैसे संभव है?

कुछ लोग यह मानते है कि चुनाव के दिन अभ्यर्थियों के द्वारा बूथ तक वोटरों को ले जाने में मदद किया जाता है। कई बूथ इतनी दूरी पर होते है कि पैदल जाने में घंटों लग जाते है। वैसी स्थिति में अभ्यर्थी के द्वारा बूथ जाने के लिए वाहन की व्यवस्था करना अच्छा होता है।

कुछ लोग यह भी बताते है कि उस दिन वाहन की व्यवस्था होने से क्षेत्र में गरमाहट का माहौल होता है और दो गुटों के बीच वोटर पकड़ने के चक्कर में लड़ाई भी हो जाती है। इसके अलावा समस्या तब होती है, जब मतदान कर्मी मतदान केन्द्र में देर से पहुंचते है और अपनी तैयारी में लगे रहते है और समय से मतदान नही करा पाते है। फिर यदि किसी कारण से मतदान रद्द भी हो जाता है, तो उसी केन्द्र पर पुनः मतदान करा दिये जाने से स्थिति-परिस्थिति नही बदलती है और पुनः मतदान

का खतरा बना रह जाता है और बार-बार वोट देने के चक्कर में काफी समय बर्बाद होता है।

चुनाव के दिन शांतिपूर्ण मतदान कराना प्रशासन की महत्वपूर्ण चुनौतियों में से एक है। इसे सुनिश्चित करने के लिए कम मतदाताओ वाली बूथ बनाने की आवश्यकता है। साथ ही, मतदाता एवं मतदान केन्द्र की दूरी कम करना भी अति आवश्यक है।

कम मतदाताओं वाले मतदान केंद्र का गठन किया जा सकता है।

इसके लिए आवश्यक है कि चुनाव के दिन वाहन के जमावड़े को रोका जाए एवं बूथ पर मतदाताओं की संख्या कम की जाए। ग्रामवार से घटा कर बड़े गांवों में टोलावार मतदान केन्द्र रखा जाना चाहिए। इसकी पूर्व व्यवस्था हो तथा विशेषकर **'मतदान भवन'** बोलकर भवन निर्माण करायी जानी चाहिए जिसे बाद में सामुदायिक भवन या प्रशिक्षण केन्द्र के रूप में उपयोग किया जाना चाहिए। साथ ही,मतदाताओं को मतदान केन्द्र तक लाने एवं वापसी के लिए सरकारी वाहन की व्यवस्था की जा सकती है। इससे वाहन का जमावड़ा तो घटेगा ही, मतदान की संख्या भी बढ़ेगा। जहां तक पुर्नमतदान से समय एवं संसाधन से बोझ बढने की बात है, तो इसे स्वीकार किया जाना चाहिए ताकि निष्पक्ष चुनाव सम्पन्न कराया जा सके।

बड़े ग्रामों में टोलावार मतदान केंद्र का निर्माण किया जा सकता है।

संक्षेप में

बूथ प्रबंधन

प्रत्येक ग्राम में कम-से-कम एक मतदान भवन विकसित किया जाना चाहिए जहां पर सारी व्यवस्था पहले से हो। पूरे गांव में कम-से-कम एक भवन को मॉडल के रूप में विकसित करके उसी भवन को सार्वजनिक उपयोग के लिए घोषणाकरके सामुदायिक भवन या विवाह मण्डप के रूप में निर्माण करवा कर स्थानीय प्रबंधन कमिटी को उसका प्रबंधन सौंप देना चाहिए तथा आवश्यकता पड़ने पर मतदान केन्द्र के रूप में भी उपयोग किया जा सके।

आदर्श आचार संहिता

आदर्श आचार संहिता का प्रचार-प्रसार एक महत्वपूर्ण प्रक्रिया है, ताकि सभी राजनीतिक दलों, उम्मीदवारों, और आम जनता को इसके नियमों और दिशा-निर्देशों के बारे में जागरूक किया जा सके। इसका उद्देश्य यह सुनिश्चित करना होता है कि चुनाव निष्पक्ष, शांतिपूर्ण, और लोकतांत्रिक रूप से संपन्न हों। जनता जागरूक हो और आदर्श व्यक्तित्व का चुनाव करे तो अभ्यर्थी से आदर्श आचरण की अपेक्षा निश्चित रूप से की जा सकती है।

चुनाव प्रचार

चुनाव व्यवस्था में प्रचार-प्रसार के लिएस्थल और समय का पूर्व निर्धारण कर वही पर प्रचार-प्रसार होना सुनिश्चित होना चाहिए। अर्थात् कुछ पूर्व निर्धारित सार्वजनिक सभा स्थल पर प्रचार-प्रसार करने हेतु अनुमति देने की व्यवस्था की जा सकती है। साथ ही घर-घर जाकर प्रचार-प्रसार करने को प्राथमिकता दी जानी चाहिए। विभिन्न अभ्यर्थियों से राशि जमा कराते हुए सभी निर्धारित अभ्यर्थियों के लिए सरकारी स्तर से प्रचार-

प्रसार हो। इसके लिए मीडिया, सोशल मीडिया और इलेक्ट्रोनिक मीडिया का भी उपयोग किया जा सकता है।

चुनाव के दिन

चुनाव के दिन शांतिपूर्ण मतदान कराने के लिए कम मतदाताओ वाली बूथ बनाते हुए मतदाता एवं मतदान केन्द्र की दूरी कम करने की भी आवश्यकता है। इसके लिए टोलावार मतदान केन्द्र बनाते हुए मतदाताओं को मतदान केन्द्र तक लाने एवं वापसी के लिए सरकारी वाहन की व्यवस्था की जा सकती है।

6

सामाजिक व्यवस्था

सामाजिक व्यवस्था व्यक्ति के जीने के तरीके से विकसित हुई है और जीने का तरीका प्रकृति में उपलब्ध संसाधन से तथा क्षेत्र-विशेष की भौगोलिक दशा पर निर्भर करता है। मैदानी क्षेत्र पठारी क्षेत्र और पहाड़ी क्षेत्र में समाजिक व्यवस्था अलग-अलग दिखाई पड़ती है।

स्थानीय उपाय जीने का तरीका निर्धारित करता है। झारखण्ड राज्य में जनजातियों के जीने का तरीका अधिकांशतः जंगल पर आश्रित है। यहां की कुछ जनजातियां कन्द-मूल खाकर बड़ी होती हैं। बाल-विवाह और बाल-श्रम ऐसी व्यवस्था है, जिसके विरूद्ध कानून तो है परन्तु यथा-कदा ही इसका अनुपालन होता दिखाई पड़ता है। क्या परम्परागत व्यवस्था में बदलाव अपेक्षित है?

सामाजिक व्यवस्था में बदलाव लाने के लिए समाजिक रीति विकसित करने की आवश्यकता होती है और सामाजिक रीति में बदलाव के लिए उसके बूरे प्रभाव के विरूद्ध सामाजिक जागृति अपेक्षित है। इसी सामाजिक व्यवस्था के अन्तर्गत धर्म परिवर्त्तन भी है। धर्म को अपनाना व्यक्तिगत धार्मिक स्वतंत्रता है। कोई किसी पर धर्म विशेष को मानने के

लिए बाध्य नही कर सकता, अपितु जब ऐसा होने लगता है, तो उसपर भी चिन्तन की आवश्यकता पड़ती है।

सामाजिक व्यवस्था के अन्तर्गत पशु-पक्षी और उसका प्रेम भी आता है। पशु-पक्षी पर क्रूरता किसी भी सभ्य समाज में मान्य नही होना चाहिए। यद्यपि जंगली क्षेत्रों में आखेट पौराणिक परम्परा रही है, तथापि क्रूरता को आधार बनाकर एक सभ्य समाज का निर्माण किया जाना सर्वथा बेईमानी है।

बाल श्रम

भारत में बाल श्रम कानून, बाल श्रम (निषेध और विनियमन) अधिनियम, 1986 द्वारा लागू किया गया है। यह अधिनियम 14 वर्ष से कम उम्र के बच्चों को किसी भी प्रकार के रोजगार में नियोजित करने पर प्रतिबंध लगाता है तथा 14 से 18 वर्ष की आयु के बच्चों को किशोर माना जाता है और उन्हें खतरनाक व्यवसायों और प्रक्रियाओं में काम करने से प्रतिबंधित किया गया है। इस कानून से बाल श्रमरोकने की व्यवस्था भी विकसित की गई है एवं कई लोगों को यदा-कदा सजा भी मिलती रहती है। फिर भी, बाल श्रम करते लोग दिखते ही है। क्या हम वैसी व्यवस्था विकसित कर सकते है, जिसमें सभी ऐसे परिवार बाल श्रम से हटकर जीने की कोई अन्यराह विकसित कर लें?

बच्चे का जन्म, चाहे माता जैसी भी अवस्था में हो, एक बार बच्चा हो जाता है, तो मानवता की रक्षा की आवश्यकता आन पड़ती है, चाहे वह किसी भी आर्थिक या सामाजिक स्थिति में क्यों न हो। उसके जीने की राह अवश्य होनी चाहिए।

कुछ लोगों का मानना है कि कोई नही चाहता है कि अपने फूल जैसे बच्चों से श्रम कराये। लेकिन, ऐसा मजबूरी और जरूरत कराती है। गरीबी और लाचारी वैसी है कि यदि बच्चे श्रम न करें, तो वे भूखे मर जाए। कुछ लोग का यह भी मानना है कि परिवार में विकृत्ति आ जाने

से भी बच्चों से काम कराना पड़ता है, पति या पत्नी की असामयिक मृत्यु होने पर दूसरा व्यक्ति अन्य विवाह कर लेता है तो सामान्यतः बच्चे की देख-भाल समुचित रूप से नही हो पाती। माता-पिता दोनों के असामयिक मृत्यु होने पर भी बच्चे के लालन-पालन की विकट समस्या पैदा हो जाती है। वे लाचार होकर बाल श्रम करने के लिए बाध्य हो जाते है। कुछ ऐसी लाचार माताए भी हैं, जो बच्चे का जन्म देने के बाद अपना मुंह देखार होने से बचने के लिए उसे यूं ही लावारिस छोड़ देती है। भीख मांग कर जीवन यापन करने वाला, सड़क पर पलने वाला, कूड़ा-कचरा उठाने वाला, छत विहीन व्यक्ति के बच्चों आदि की देखभाल करने वाला कोई नही होता। ये बच्चे स्कूल में दाखिला न लेकर सीधे बाल श्रम से जुड़कर अपना जीवन-यापन सुनिश्चित कर लेते है। इस प्रकार, बाल श्रम की आड़ में मानवता का शोषण तो होता ही है साथ ही मानव शरीर का दुरूपयोग भी होता है।

गरीब-लाचार भीख मांगने वाले बच्चे, कूड़ा-कचरा उठाने वाले बच्चे आदि सड़क में जीने के लिए मजबूर हैं तथा माता-पिता की असामयिक मृत्यु या अन्य कारण से माता-पिता के अभाव में बच्चे लाचार होकर अपनी पेट की क्षुधा मिटाने हेतु बाल श्रम में लगे हुए हैं। उन सबकी पहचान आवश्यक है। सामाजिक और आर्थिक जनगणना से इस लक्ष्य को कुछ हद तक प्राप्त भी किया गया है।

गरीब-लाचार भीख मांगने वाले बच्चे, कूड़ा-कचरा उठाने वाले
बच्चे की सामाजिक और आर्थिक जनगणना करायी जा सकती है।

ऐसे बच्चों की देखभाल करके बाल श्रम में प्रवेश करने से रोका जा सकता है। इसके लिए उन सबका निबंधन अति-आवश्यक है। गौरतलब है कि 2001 की जनगणना के अनुसार झारखंड में 5 से 14 वर्ष के बच्चों की संख्या 70 लाख है, जिनमें से 407200 बाल मजदूर हैं। चाइल्ड लेबर प्रोहिबिटेशन एवं रेग्युलेशन एक्ट 1986 के मुताबिक 14

वर्ष से कम उम्र के बच्चों को इस श्रेणी में रखा गया है। वर्तमान में भारत सरकार के महिला एवं बाल विकास मंत्रालय के अधीन सेंट्रल एडॉप्शन रिसोर्स अथॉरिटी एक संवैधानिक निकाय है। यह भारत में बच्चों को गोद लेने की प्रक्रिया को विनियमित और निगरानी करने वाली प्रमुख संस्था है और यह देश के भीतर और अंतर्राष्ट्रीय स्तर पर दत्तक ग्रहण की देखरेख करती है। बच्चे को गोद लेने की प्रक्रिया में मुख्य रूप से अथॉरिटी की वेबसाइट पर ऑनलाइन आवेदन करना, होम स्टडी, बच्चे का चयन और कानूनी कार्यवाही शामिल है। यह प्रक्रिया लंबी और जटिल हो सकती है, जिसे सरल करने की आवश्यकता है।

निबंधन के उपरांत बच्चे को गोद लेने की प्रक्रिया को सरल किया जा सकता है।

ऐसे बाल श्रमिकों का निबंधन होने के पश्चात लाचार बच्चों का सम्पूर्ण विकास हेतु दत्तक ग्रहण की प्रक्रिया होनी चाहिए। उक्त बच्चे के विकास का निरंतर पर्यवेक्षण किया जाना चाहिए। वैसे बच्चों की सूची तैयार कर उनकी देखभाल, पढ़ाई-लिखाई एवं परवरिश हेतु स्वतः स्फूर्त व्यवस्था विकसित करने को बढ़ावा दिया जाना चाहिए तथा उनकी परवरिश के साथ-साथ वगैर शोषण के उनके विकास में सहभागिता सुनिश्चित की जानी चाहिए। इसके लिए आवश्यक है कि बाल कल्याण विभाग आवश्यकतानुसार आवासीय विद्यालय का निर्माण कराये तथा उनका समुचित पढ़ाई के साथ-साथ कौशल विकास का प्रशिक्षण देकर अठारह वर्षो तक अपने पैरों पर खड़ा करने में मदद करें।

आवासीय विद्यालयों का आवश्यकतानुसार निर्माण कराकर उन्हें पढ़ाई के साथ-साथ कौशल विकास का प्रशिक्षण देकर अपने पैरों पर खड़ा किया जा सकता है।

बाल विवाह

भारत में बाल विवाह को रोकने के लिए बाल विवाह निषेध अधिनियम, 2006 लागू है। इस अधिनियम के अनुसार, 18 वर्ष से कम उम्र की लड़की और 21 वर्ष से कम उम्र के लड़के का विवाह बाल विवाह माना जाता है और इसे गैरकानूनी घोषित किया गया है। परन्तु सामाजिक व्यवस्था ऐसी बनी हुई है कि लोग कम ही उम्र में अपने बच्चों का विवाह करना पसंद करते है। विलम्ब से विवाह करने पर लड़का-लड़की का मैच ढूढ़ने में परेशानी होती है। इसके लिए सामाजिक दबाव भी बहुत होता है। इस व्यवस्था को कैसे परिवर्त्तित कर सकते हैं कि लोग वैद्यानिक रूप से विवाह करें?

कुछ लोग कहते हैं कि माता-पिता का यह एक बहुत बड़ा सामाजिक दायित्व है कि वे अपनी बेटी का विवाह कर ससुराल भेजें। छोटी उम्र में शादी करने से लड़का खोजना आसान होता है तथा दहेज देने का ज्यादा दबाव नही रहता है। बच्ची सयानी हो गयी तो गांव-समाज के बुरे लोगों की भी नजर पड़ने लगती है।

कुछ लोग यह भी मानते है कि बच्चों की प्रारम्भिक शिक्षा देने के उपरांत घरेलु काम-काज सीख जाते हैं और घर चलाने की समझदारी आ जाती है, तो उसका समय से विवाह कर देना ही उचित होता है।

कुछ लोग का मानना हे कि आज बच्चे के घर से भागने की घटना भी बढ़ी है। समय से विवाह नही करने पर बच्चे घर छोड़कर अपनी इच्छा से विपरीत लिृगी व्यक्ति को चुनकर उसके साथ घर से भाग कर शादी कर लेते है, उसका परिणाम और बुरा होता है। जब बच्चे का शोषण और ज्यादा होता है।

सामाजिक रीति-रिवाज और सूचना का वैश्वीकरण का सामन्जन समाज के सामने एक नयी चुनौती है। एक ओर वैश्वीकरण के कारण सूचना का आदान-प्रदान बहुत तेजी से हो रहा है; लोगो की एक दूसरे

से दूरी घटती जा रही है, वही दूसरी ओर सामाजिक रीति-रिवाज भी परम्परागत रूप से चले आ रहे है। आज बच्चे समय से पहले व्यस्क हो जा रहे है। इन्टरनेट और सूचना का वैश्वीकरण के कारण बच्चे की समझदारी के साथ-साथ मानसिक विकास भी तेजी से आ रही है। इसको सीमित करने के लिए सोशल मीडिया का प्रबंधन केंद्र स्तर पर किया जा सकता है।

इन्टरनेट और सूचना का वैश्वीकरण को सीमित करने के लिए सोशल मीडिया का प्रबंधन केंद्र स्तर पर किया जा सकता है।

साथ ही, अपने पैरों पर खड़ा होने के लिए बच्चे शादी से पूर्व आर्थिक स्वतंत्रता भी चाह रहे है। यौन शोषण से बचने के लिए आवश्यक है कि नवी-दसवी कक्षा में यौन शिक्षा को पाठ्यक्रम में शामिल किया जाना चाहिए।

यौन शोषण से बचने के लिए नवी-दसवी कक्षा में यौन शिक्षा को पाठ्यक्रम में शामिल किया जा सकता है।

आर्थिक स्वतंत्रता के लिए कौशल विकास एवं उद्यमिता भी उक्त कक्षा के पाठ्यक्रम में शामिल किया जाना चाहिए। इससे यौन क्रीड़ा के प्रति सावधानी बढ़ेगी और उचित समय में अपने पैरो पर खड़े होने से ससमय विवाह सम्पन्न हो पाएगा।

आर्थिक स्वतंत्रता के लिए कौशल विकास एवं उद्यमिता को पाठ्यक्रम में शामिल किया जा सकता है।

धर्म परिवर्त्तन

धर्मांतरण का अर्थ है, एक धर्म को छोड़कर दूसरे धर्म को अपनाना। यह एक व्यक्ति की धार्मिक मान्यताओं को बदलने की प्रक्रिया है।

धर्मांतरण को कभी-कभी स्वेच्छा से या कभी-कभी जबरदस्ती भी किया जा सकता है। भारत में, धर्म परिवर्तन को लेकर विभिन्न राज्यों में कानून मौजूद हैं। कुछ राज्य धर्मांतरण विरोधी कानून लागू करते हैं, जो एक धर्म से दूसरे धर्म में जबरन, धोखे से या प्रलोभन देकर धर्मांतरण को प्रतिबंधित करते हैं। इन कानूनों का उद्देश्य धार्मिक स्वतंत्रता की रक्षा करना और जबरन धर्मांतरण को रोकना है। एक दूसरे के धर्म को नीचा दिखाकर एवं सामाजिक आर्थिक प्रलोभन देकर धर्म परिवर्त्तन के लिए मजबूर किया जाना सरासर गलत है, जबकि धार्मिक स्वतंत्रता सबको है। हम धर्म-परिवर्त्तन और व्यक्तिगत आर्थिक आजादी में सामंजन कैसे बैठा सकते है?

कुछ लोग कहते है कि धर्म परिवर्त्तन का कुत्थित प्रयास पिछड़े ग्रामीण इलाको में अक्सर देखा जाता है। धर्म प्रचार के लिए वैसे जगह में भी लोग पहुंचते है जहां के लोग अंधविश्वासी ज्यादा है। कुछ विशेष धर्म के लोग धर्मगुरू के रूप में ऐसे गंव की तलाश करते है और वहां जाकर वह धर्मगुरू दूसरे के धर्म को नीचा दिखाने का प्रयास करता है और अपने धर्म को ऊंचा दिखाता है। उन्हें प्रलोभन भी दिया जाता है कि धर्म परिवर्त्तन से उन्हें आर्थिक रूप से मजबूत बनाया जाएगा और रोजगार पाने में सुविधा दी जाएगी। कुछ लोग कहते है कि धर्म-परिवर्तन की साजिश सामाजिक वर्चस्व भी बनाने के लिए किये जाते है एवं वोट बटोरने के साधन के रूप में भी किया जाता है। इस तरह के प्रलोभन युक्त धर्म-परिवर्तन को कैसे हतोत्साहित किया जा सकता है?

धर्म परिवर्त्तन व्यक्तिगत विश्वास का विषय है। कौन व्यक्ति किस धर्म को मानता है, यह उसका निजी मामला के अन्तर्गत आता है। ऐसी परिस्थिति में जोर-जबरदस्ती और दबाव का खेल उचित नही हो सकता है। कुछ राज्यों में जबरन धर्म परिवर्तन को रोकने के लिए कानून हैं, जबकि कुछ में नहीं। भारतीय संविधान का अनुच्छेद 25, नागरिकों को

अपनी पसंद का धर्म अपनाने, उसका पालन करने और उसका प्रचार करने की स्वतंत्रता देता है।

भारतीय संविधान का अनुच्छेद 25, नागरिकों को अपनी पसंद का धर्म अपनाने, उसका पालन करने और उसका प्रचार करने की स्वतंत्रता देता है।

झारखंड में धर्म परिवर्तन को लेकर कानून है, जिसे झारखंड धर्म स्वतंत्रता अधिनियम, 2017 कहा जाता है। इस कानून के तहत, किसी को भी जबरन, धोखे से, या प्रलोभन देकर धर्म परिवर्तन कराने पर रोक है। यदि कोई व्यक्ति स्वेच्छा से धर्म परिवर्तन करना चाहता है, तो उसे उपायुक्त से अनुमति लेनी होगी। यदि कोई व्यक्ति जबरन या धोखे से धर्म परिवर्तन कराता है, तो उसे 3 साल तक की कैद और 50,000 रुपये का जुर्माना या दोनों हो सकते हैं।

झारखंड धर्म स्वतंत्रता अधिनियम, 2017 के तहत, यदि कोई व्यक्ति जबरन या धोखे से धर्म परिवर्तन कराता है, तो उसे 3 साल तक की कैद और 50,000 रुपये का जुर्माना या दोनों हो सकते हैं।

यदि धर्म परिवर्तन किसी नाबालिग, महिला, या अनुसूचित जाति-जनजाति के व्यक्ति का किया जाता है, तो 4 साल तक की कैद और 1,00,000 रुपये का जुर्माना या दोनों हो सकती है। ऐसे मामलों की जांच पुलिस निरीक्षक या उससे उच्च पद के अधिकारी द्वारा की जाती है, जबकि ऐसे मामलों में अभियोजन उपायुक्त या उनके द्वारा नामित एसडीओ स्तर के अधिकारी द्वारा किया जाता है।

यदि धर्म परिवर्तन किसी नाबालिग, महिला, या अनुसूचित जाति-जनजाति के व्यक्ति का किया जाता है, तो 4 साल तक की कैद और 1,00,000 रुपये का जुर्माना या दोनों हो सकती है।

पशु तस्करी

पशु तस्करी का मतलब होता है-जानवरों की अवैध खरीद-फरोख्त कर उन्हें उनके प्राकृतिक आवास से जबरन ले जाया जाता है या फिर बिना किसी कानूनी अनुमति के एक जगह से दूसरी जगह ले जाया जाता है। यह एक गंभीर अपराध है जो जानवरों के लिए बहुत क्रूरतापूर्ण है और पर्यावरण के लिए भी हानिकारक हो सकता है। पशु क्रूरता हाल-फिलहाल में बढ़ती हुई दिखाई दे रही है। पशु तस्कर इस दिशा में महत्वपूर्ण भूमिका निभा रहे है। धार्मिक भावना की रक्षा के लिए भी इसे रोकना आवश्यक है। क्या पशु रक्षा संभव है?

कुछ लोगों का मानना है कि पशु पक्षी वन्य जीवन के लिए अति आवश्यक है। परम्परागत जीवन शैली के कारण अभी भी कुछ लोग आखेट करते है। पशु-पक्षी को मारते है। बकरी, सुअर आदि का लालन-पोषण भी किया जाता है, जिससे न सिर्फ आर्थिक लाभ मिलता है, बल्कि उसका उपयोग खाने में भी किया जाता है।

कुछ लोग मानते है कि पशु तस्करी का मतलब प्रतिबंधित पशु से है, जिसका खरीद फरोख्त के दौरान पशुओं के विरूद्ध क्रूरता दिखलाई जाती है तथा उसका वध कर व्यवसाय भी किया जाता है। जिससे विशेष धर्मावलम्बी आहत होते है। कुछ लोग बतलाते है कि विशेष समुदाय प्रतिबंधित पशु का मांस खाते है, जबकि उसी का दूध पीकर पूरा परिवार बड़ा होता है। ऐसा बहुसंख्यक समुदाय को आहत् पहुंचाने और राजनीतिक लाभ लेने के लिए भी किया जाता है।

पशु तस्करी को रोकने के लिए भारत में कई कानून और नियम मौजूद हैं। मुख्य रूप से, पशु क्रूरता निवारण अधिनियम, 1960 पशुओं के साथ क्रूरता और अवैध परिवहन को रोकता है। इसके अतिरिक्त, वन्यजीव संरक्षण अधिनियम, 1972 वन्यजीवों की तस्करी को रोकता है। राज्य स्तर पर भी, कई राज्यों ने पशु तस्करी को रोकने के लिए

विशेष कानून और नियम बनाए हैं। भारतीय दंड संहिता की धारा 428 और 429 पशुओं को नुकसान पहुंचाने या मारने से संबंधित अपराधों से निपटती है। कुछ राज्य सरकारों ने भी पशु तस्करी को रोकने के लिए अपने स्वयं के कानून बनाए हैं, जैसे कि छत्तीसगढ़ में गोवंश तस्करी से संबंधित कानून।छत्तीसगढ़ में गोवंश की तस्करी और अवैध वध को रोकने के लिए, राज्य सरकार ने छत्तीसगढ़ कृषि पशु संरक्षण अधिनियम, 2004 (2011 में संशोधित) लागू किया है। इस अधिनियम में गोवंश के अवैध परिवहन, वध और व्यापार को रोकने के लिए कई प्रावधान हैं।बिना अनुमति के गोवंश का परिवहन करने वालों को 7 साल की जेल और 50,000 रुपये का जुर्माना हो सकता है। इसके अलावा, गोवंश की तस्करी, वध और परिवहन से संबंधित मामलों में, दोषी पाए जाने पर 7 साल तक की कैद और 50,000 रुपये तक का जुर्माना या दोनों हो सकते हैं। छत्तीसगढ़ की तर्ज पर झारखण्ड में भी गोवंश की तस्करी और अवैध वध को रोकने के लिए कानून लाया जा सकता है।

छत्तीसगढ़ कृषि पशु संरक्षण अधिनियम, 2004 (2011 में संशोधित) के तर्ज पर झारखण्ड में भी गोवंश की तस्करी और अवैध वध को रोकने के लिए कानून लाया जा सकता है।

पशु तस्करी अक्सर पशु प्रबंधन के अभाव में भी देखने के लिए मिलती है, चूंकि पड़ोसी देश में इसकी खपत ज्यादा है तथा वहां के लोग ऊंचे दाम में मवेशी क्रय कर लेते है। गौशाला हिन्दओं की सांस्कृतिक और परम्परागत धरोहर है, जिसकी देखरेख के लिए झारखंड गौ सेवा आयोग अधिनियम, 2005 (झारखंड अधिनियम, 02, 2006) के तहत राज्य में 07 जनवरी, 2006 को झारखंड गौ सेवा आयोग का गठन किया गया है।

झारखंड गौ सेवा आयोग अधिनियम, 2005 (झारखंड अधिनियम, 02, 2006) के तहत राज्य में 07 जनवरी, 2006 को झारखंड गौ सेवा आयोग का गठन किया गया है।

गौ माता के रूप में पूजी जाती है तथा उसी के दूध से पूरा परिवार का पोषण भी हो जाता है। उसकी देख-भाल व्यक्तिगत और सार्वजनिक स्तर से करने की आवश्यकता है। व्यक्तिगत स्तर से लोग गौ पालन तो करते है परन्तु जब वह दूध देने लायक, या अन्य उपयोग के लायक नही रह जाता है तो उसे बिक्री कर दिया जाता है, वैसे में जो लोग उसे क्रय करते है, उससे आर्थिक लाभ उठाने हेतु उसका वध कर मांस या चमड़े का उपयोग करते हैं, नही तो उसका तस्करी कर दूसरे देश भेजवा देते है। इस तस्करी को रोकने के लिए पशुधन रक्षा कोष निर्मित कर **'गौ रक्षा पेंशन योजना'** प्रारम्भ की जानी चाहिए, ताकि गौ माता के वृद्ध या अनुपयोगी होने पर लोग उसे विक्री न करे एवं उसका लालन-पालन अंतिम समय तक करे।

गोवंश की तस्करी को रोकने के लिए पशुधन रक्षा कोष निर्मित कर 'गौ रक्षा पेंशन योजना' प्रारम्भ की जानी चाहिए, ताकि गौ माता का लालन-पालन अंतिम समय तक हो सके।

अरगड़ा गौ रक्षक दल के रूप में पशु माफियाओं और बूचड़खानों से गौ वंशों की रक्षा करने के लिए काम करते हैं। ये समूह मवेशियों की सुरक्षा के लिए आश्रयों का निर्माण करते हैं और गौ वंशों की सेवा, देखभाल और संरक्षण में सहायता करते हैं। लावारिस पशुओं की रक्षा एवं परवरिश हेतु अरगढ़ा व्यवस्था को पुनर्जीवित किया जाना चाहिए, जहॉ पर उन पशुओं को जीवनपर्यन्त देखभाल हो सके।

अरगढ़ा व्यवस्था को पुनर्जीवित कर लावारिस पशुओं को जीवनपर्यन्त देखभाल किया जा सकता है।

संक्षेप में

बाल श्रम

चाइल्ड लेबर प्रोहिबिटेशन एवं रेग्युलेशन एक्ट 1986 के मुताबिक 14 वर्ष से कम उम्र के बच्चों को इस श्रेणी में रखा गया है। वर्तमान में भारत सरकार के महिला एवं बाल विकास मंत्रालय के अधीन सेंट्रल एडॉप्शन रिसोर्स अथॉरिटी एक संवैधानिक निकाय है। यह भारत में बच्चों को गोद लेने की प्रक्रिया को विनियमित और निगरानी करने वाली प्रमुख संस्था है और यह देश के भीतर और अंतर्राष्ट्रीय स्तर पर दत्तक ग्रहण की देखरेख करती है। बच्चे को गोद लेने की प्रक्रिया में मुख्य रूप से अथॉरिटी की वेबसाइट पर ऑनलाइन आवेदन करना, होम स्टडी, बच्चे का चयन, और कानूनी कार्यवाही शामिल है। यह प्रक्रिया लंबी और जटिल हो सकती है, जिसे सरल करने की आवश्यकता है।

ऐसे बाल श्रमिकों का निबंधन होने के पश्चात लाचार बच्चों का सम्पूर्ण विकास हेतु दत्तक ग्रहण की प्रक्रिया होनी चाहिए। साथ ही, उक्त बच्चे के विकास का निरंतर पर्यवेक्षण किया जाना चाहिए; इसमें कोताही करने वाले परिवार को आर्थिक दण्ड का भी प्रावधान होना चाहिए। उनकी परवरिश के साथ-साथ वगैर शोषण के उनके विकास में सहभागिता सुनिश्चित करने के लिए बाल कल्याण विभाग अपनी जिम्मेदारी में आवासीय विद्यालय का निर्माण कराये तथा उनका समुचित पढ़ाई के साथ-साथ कौशल विकास का प्रशिक्षण देकर अठारह वर्षो तक अपने पैरों पर खड़ा करने में मदद करें।

बाल बिवाह

यौन शोषण से बचने के लिए आवश्यक है कि नवी-दसवी कक्षा में यौन शिक्षा को पाठ्यक्रम में शामिल किया जाना चाहिए, साथ ही आर्थिक

स्वतंत्रता के लिए कौशल विकास एवं उद्यमिता भी उक्त कक्षा के पाठ्यक्रम में शामिल किया जाना चाहिए।

धर्म परिवर्त्तन

झारखंड में धर्म परिवर्तन को लेकर कानून है, जिसे झारखंड धर्म स्वतंत्रता अधिनियम, 2017 कहा जाता है. इस कानून के तहत, किसी को भी जबरन, धोखे से या प्रलोभन देकर धर्म परिवर्तन कराने पर रोक है। यदि कोई व्यक्ति स्वेच्छा से धर्म परिवर्तन करना चाहता है, तो उसे उपायुक्त से अनुमति लेनी होगी। यदि कोई व्यक्ति जबरन या धोखे से धर्म परिवर्तन कराता है, तो उसे 3 साल तक की कैद और 50,000 रुपये का जुर्माना या दोनों हो सकते हैं।

पशु तस्करी

पशु तस्करी समुचित तरीके से पशु प्रबंधन कर रोका जा सकता है।पशु प्रबंधन के लिए गौशाला निर्माण एवं उसका देखरेख सरकारी स्तर से करने की आवश्यकता है। साथ ही, पशुधन रक्षा कोष निर्मित कर 'गौ रक्षा पेंशन योजना' प्रारम्भ की जानी चाहिए। इसके अलावा, लावारिस पशुओं की रक्षा एवं उसके परवरिश के लिए 'अरगढ़ा व्यवस्था' पुर्नजीवित करने की आवश्यकता है।

7

विधि व्यवस्था

विधि-व्यवस्था प्रजातंत्र की एक महत्वपूर्ण कड़ी है। प्रजातंत्र संसद और विधायिका के द्वारा बनाए गए विधान से सुचारू एवं व्यवस्थित रूप से चलता है। 'कानून का शासन' के अभाव में सामाजिक अराजकता का वास होने लगता है अतः विधि व्यवस्था का संधारण प्रशासनिक गतिविधि की एक महत्वपूर्ण जिम्मेदारी बन जाती है।

गौरतलब है कि 'विधि' तो विधायिका द्वारा तैयार होती है, परन्तु 'व्यवस्था' सामाजिक परम्परा से काल के प्रभाव मे विकसित होता है; जिसे बरकरार रखना प्रशासन की प्रमुख जिम्मेवारियों में से एक है। इस व्यवस्था को बनने में दशकों लग जाते है, परन्तु चन्द असामाजिक तत्वों द्वारा इसे तोड़कर सामाजिक समरसता को बिगाड़ दिया जाता है। सड़क जाम, धरना प्रदर्शन आदि मामलें 'विधि' भंग करने से संबंधित होते है परन्तु उग्र भीड़, जुलूस आदि अधिकांश मामले 'व्यवस्था' भंग करने से संबंधित होते है।

सड़क जाम

अक्सर देखा जाता है कि वैसी मांगो की पूर्त्ति हेतु सड़क जाम कर दिया जाता है जिसकी शक्ति स्थानीय प्रशासन के पास निहित नही होती है

जैसे सड़क दुर्घटना में मृत्यु होने पर सरकारी नौकरी की मांग। वैसे भी कारण देखे जाते हैं, जिसकी नियम-कानून पूर्व से निर्धारित है जैसे सड़क दुर्घटना में मृत्यु के हालात में परिवार के इकलौता कमाऊशुदा सदस्य होने पर पारिवारिक लाभ योजना के अन्तर्गत वित्तीय सहायता प्रदान की जाती है। परन्तु शव को सड़क में रखकर स्थानीय प्रशासन से जबर्दस्ती राशि की मांग की जाती है। कई बार मामला इतना उग्र हो जाता है कि प्रशासन पर ही हमला बोल दिया जाता है, राहगीरों के वाहन क्षतिग्रस्त कर दिए जाते हैं; आगजनी और तोड़फोड़ भी कर दिया जाता है। इससे जान-माल की क्षति होती ही है और सरकारी संसाधन भी बर्बाद होते हैं। सड़क जाम की स्थिति में जन-आक्रोश से कैसे बचा जा सकता है?

सड़क जाम जन आक्रोश का नतीजा होता है और यह जन-आक्रोश तब होता है जब लोगों का विश्वास शासनिक और प्रशासनिक व्यवस्था से हटने लगता है। अचानक किसी की मृत्यु हो जाती है, तो उसके अंतिम संस्कार के लिए धनराशि भी कई बार उपलब्ध नही होती है। तब लाचार और निराश होने पर अंतिम हथियार के रूप में सड़क जाम का रास्ता अपनाना पड़ता है। यदि सुविधाजनक रूप से सरकारी लाभ प्राप्त हो जाए तो सड़क जाम करने की आवश्यकता ही नही पड़ेगी।

परन्तु कुछ लोगों का मानना है कि 'लाश पर राजनीति' करने की गलत नीति के विकसित होने के कारण भी ऐसा होता है। और तो और, कोई अनजान गाड़ी व्यक्ति को मार कर चली जाती है, तो उससे मुआवजा प्राप्त करने में कठिनाई होती है। किसी बच्चे या एकलौता कमाऊशुदा व्यक्ति नही होने एवं बी0पी0एल0 धारी नही होने पर पारिवारिक लाभ योजना का लाभ नही मिल पाता है।

कुछ लोग यह भी कहते है कि घर के किसी सदस्य की मृत्यु किसी दूसरे की गलती से अचानक हो जाने पर गुस्सा तो लगता ही है। साथ ही, मुआवजा समय पर नहीं मिलता और मुआवजा भी इतना कम मिलता

है कि उससे परिवार के सदस्यों का जीवन ही चरमरा जाता है। ऐसे में सड़क जाम कर आक्रोश फूटना स्वाभाविक हो जाता है। कुछ लोग का यह भी मानना हैं कि कई बार बिजलीके तार पूराने हो जाने पर शॉट-सर्किटहोने से जान चली जाती है। बिजली से होने वाली दुर्घटना की दशा में प्राप्त होने वाली मुआवजा के बारे में जानकारी कम होती है जिससे लोगो को परेशानी का सामना करना पड़ता है।

कुछ लोग यह भी कहते है कि पशुओं के भी सड़क दुर्घटना में मृत्यु होने या बिजली से करंट लगने से मृत्यु होने पर सामान्यतः मुआवजा मिलने में परेशानी होती है। परन्तु जब सड़क जाम किया जाता है, तो प्रशासन के द्वारा तुरंत पैसे की व्यवस्था कर संतृप्त परिवार को सौप दिया जाता है। इस प्रकार सड़क जाम करना ही त्वरित एवं समुचित मुआवजा का रास्ता बचता है।

झारखंड में राष्ट्रीय पारिवारिक लाभ योजना के तहत, गरीबी रेखा से नीचे जीवन यापन करने वाले परिवारों को, जिनके कमाने वाले सदस्य की मृत्यु हो जाती है। 20,000 रुपये की एकमुश्त आर्थिक सहायता प्रदान की जाती है। यह योजना 18 से 60 वर्ष के बीच के कमाने वाले मुखिया की मृत्यु होने पर लागू होती है। झारखंड में बिजली करंट से मृत्यु होने पर 5 लाख रुपये का मुआवजा दिया जाता है। यह मुआवजा राशि झारखंड बिजली वितरण निगम लिमिटेड (जेबीवीएनएल) द्वारा दी जाती है। मुआवजे के लिए दावा व्यक्तिगत रूप से या डाक द्वारा प्रबंध निदेशक को भेजा जा सकता है। झारखण्ड राज्य में आपदा प्रबंधन योजना के तहत वज्रपात एवं जलाशय में डूबने से मौत के मामले में चार लाख रुपए मुआवजा का प्रावधान है। झारखंड में हिट-एंड-रन मामलों में मृत्यु होने पर, मृतक के परिजनों को 2 लाख रुपये की राशि मुआवजे के रूप में दी जाती है। इसके अलावा, गंभीर रूप से घायलों को 50,000 रुपये का मुआवजा दिया जाता है। यह मुआवजा मोटर वाहन दुर्घटना कोष से दिया जाता है।

झारखंड में सड़क दुर्घटना पर व्यक्तियों की मृत्यु होने पर राष्ट्रीय पारिवारिक लाभ योजना,आपदा प्रबंधन योजना, हिट-एंड-रन योजना के तहत मुआवजा देने का प्रावधान है।

गुजरात सरकार की पशु मृत्यु पर मुआवजा योजना, पशुपालकों को उनके जानवरों की मृत्यु पर आर्थिक सहायता प्रदान करती है। इस योजना के तहत, विभिन्न प्रकार के पशुओं के लिए अलग-अलग मुआवजे की राशि निर्धारित की गई है। भेड़ और बकरियों जैसे छोटे डेयरी पशुओं के लिए प्रति पशु 4,000 रुपये, बड़े गैर-दुधारू पशुओं (घोड़े, ऊंट, बैल) के लिए 32,000 रुपये, और छोटे गैर-दुधारू पशुओं (बछड़े, गधे) के लिए 20,000 रुपये का मुआवजा दिया जाता है। पोल्ट्री पक्षियों के लिए भी मुआवजा उपलब्ध है, प्रति पक्षी 100 रुपये, अधिकतम 100 पक्षियों के लिए। मुआवजे की राशि सीधे लाभार्थी के बैंक खाते में डीबीटी के माध्यम से स्थानांतरित की जाती है। उत्तराखंड सरकार पशु मृत्यु पर मुआवजा योजना के तहत, पशुपालकों को उनके पालतू जानवरों की प्राकृतिक आपदा या जंगली जानवरों के हमले से होने वाली मृत्यु पर मुआवजा प्रदान करती है। दुधारू पशुओं (गाय, भैंस, ऊंट, याक) के लिए 37,500 रुपये प्रति पशु, अधिकतम तीन पशुओं के लिए, मुआवजा दिया जाता है। अन्य पालतू पशुओं (बकरी, भेड़, आदि) के लिए 4,000 रुपये प्रति पशु, अधिकतम 30 पशुओं के लिए, मुआवजा दिया जाता है। भारवाही पशुओं (घोड़ा, बैल, ऊंट) के लिए 32,000 रुपये प्रति पशु, अधिकतम तीन पशुओं के लिए, मुआवजा दिया जाता है। बछड़ा, गधा, खच्चर, और टट् जैसे पशुओं के लिए 20,000 रुपये प्रति पशु, अधिकतम 6 पशुओं के लिए, मुआवजा दिया जाता है। मुर्गी पालन करने वालों को प्रति यूनिट 100 रुपये, अधिकतम 5,000 रुपये का मुआवजा दिया जाता है। इस प्रकार गुजरात एवं उत्तराखंड सरकार

के द्वारा संचालित पशु मृत्यु पर मुआवजा योजना की तर्ज पर झारखंड राज्य में भी प्रावधान किया जा सकता है।

गुजरात एवं उत्तराखंड में पशुओं के विभिन्न कारणों से मृत्यु होने पर भी मुआवजा की राशि देने हेतु पूर्वनिर्धारित की गयी है।

इसके अलावा, त्वरित मुआवजा दिलाने हेतु निम्न्वत सात बिंदुओं पर कार्रवाई करने की आवश्यकता है। पहला, मृतक के परिजनो को दी जाने वाली मुआवजा की राशि समय समय पर बढ़ायी जाए। दूसरा, स्थानीय प्रशासन के पास अग्रीम राशि की व्यवस्था प्रत्येक सत्र के प्रारम्भ में दी जाए, जिसमे कम-से-कम 50 प्रतिशत अग्रीम राशि का भुगतान करने का प्रावधान हो। तीसरा, उम्र का कोई बन्धन न हो। किसी भी उम्र के व्यक्ति की मृत्यु मानव जनित या प्राकृतिक कारण से होने पर संतृप्त परिवार को मुआवजा देने का प्रावधान हो। चौथा, गरीबी रेखा के साथ साथ आर्थिक रूप से कमजोर परिवारों को भी मुआवजा दिया जाए। पाँचवा, किसी भी श्रोत से प्राप्त सूचना के आधार पर स्थानीय प्रशासन के द्वारा जॉचोंपरांत पीडित के मूल निवास स्थल के आधार पर ही मुआवजा का भुगतान किया जाए। अर्थात मुआवजा का भुगतान पीड़ित के स्थाई निवास के प्रशासनिक पदाधिकारी के द्वारा किया जाए। छठा, मृत्यु के कारण की बाध्यता समाप्त कर दी जाए कि पानी में डूबने से मृत्यु हुई है कि बिजली के करंट से या सड़क दुर्घटना से। सांतवा, पूर्ण भुगतान हेतु आवश्यक दस्तावेज पीड़ित परिवार के द्वारा समय सीमा के अन्दर प्रस्तुत करने की बाध्यता की जाए। इसके लिए पदाधिकारी ऐसे मामलो पर संवेदनशीलता दिखलाते हुए तत्काल प्रमाणपत्र निर्गत करें।

त्वरित मुआवजा दिलाने के लिए सात बिंदुओं पर कार्रवाई करने पर सड़क जाम की स्थिति से बचा जा सकता है।

धरना-प्रदर्शन

प्रजातंत्र में धरना-प्रदर्शन आम बात है परन्तु कई बार प्रदर्शन इतना उग्र हो जाता है कि जान-माल की भी क्षति हो जाती है। प्रजातंत्र में पूर्व सूचना के साथ प्रदर्शन होना जायज है, परन्तु ऐसा होता नही है। सार्वजनिक कार्यालय को अवरूद्ध कर दिया जाता है; सड़क पर उग्र प्रदर्शन करने हेतु लोग बैठ जाते है। अंततः होता वही है जो कानून में प्रावधान है। प्रावधान के अनुसार आवश्यक कार्रवाई की जाती है तथा धरना-प्रदर्शन करने वालो के विरूद्ध प्राथमिकी दर्ज करने एवं जेल भरने की कार्यवाही भी प्रारम्भ कर दी जाती है। प्रजातांत्रिक तरीके से धरना प्रदर्शन कैसे संभव है?

कुछ लोग कहते है कि हम गांधी जी के देश में रहते हैं। हमारा प्रजातांत्रिक अधिकार है कि अपनी मांग सरकार तक पहुंचाने हेतु धरना एवं प्रदर्शन का सहारा लिया जा सकता है। आजादी के इतने दिनों बाद भी कई गांव में मूलभूत सुविधाओं का अभाव देखने के लिए मिलता हैः स्थानीय जन-प्रतिनिधि आते हैं और जाते हैं परन्तु अपेक्षित कार्रवाई का अभाव दिखता है। यहां तक कि जन-प्रतिनिधि भी कई बार अपना हाथ खड़ा कर देते है। प्रशासन भी आवंटन के अभाव में आवश्यक कार्रवाई करने से वंचित रह जाता है। तब इस आवाज को सरकार तक कैसे पहुंचाया जा सकता है? धरना-प्रदर्शन से ही ऐसी आवाज सरकार तक पहुंच पाती है।

कुछ लोग कहते है कि प्रदर्शन उग्र हो गया! परन्तु इसके पीछे नही जाना चाहते हैं कि प्रदर्शन उग्र कैसे हो गया? जब कोई शासनिक या प्रशासनिक कार्रवाई का अभाव दिखता है तो प्रदर्शन का उग्र होना स्वाभाविक हो जाता है।

कुछ लोग मानते है कि सार्वजनिक कार्यालय के आगे बैठने का मूल उद्देश्य सरकार तक इस प्रदर्शन की आवाज को पहुंचाना होता है। कोई

पार्टी स्तर पर किसी मांग को उठाया जाता है, तो पार्टी भी चाहती है कि लोग जाने कि किस पार्टी के द्वारा जनता की मांग को उठाया जा रहा है। जहां तक जेल जाने का प्रश्न है, तो इस बारे में कुछ लोग का विचार है कि जनप्रतिनिधि बनने के लिए जनता की जायज मांग उठाते हुए जेल जाना भी पड़ सकता है। महात्मा गांधी, जय प्रकाश नारायण जैसी विभूतियों को भी जनता की मांगों की पूर्ति हेतु जेल जाना पड़ा था।

किसी भी सरकार तक स्थानीय स्तर की सभी जन-समस्याएं नही पहुंच सकती हैं। जन समस्याएं भी चलित स्वभाव की है। जो आज समस्या नही हैः वही कल समस्या का रूप ले सकता है। बहुत सारी जन सरोकार की समस्या सरकार तक नही पहुंचती जिसके लिए शांति रूप से धरना-प्रदर्शन अपेक्षित हो जाता है। संविधान के अनुच्छेद 19 (1) में भी अभिव्यक्ति की आजादी का अधिकार दिया गया है। वहीं अनुच्छेद 19 (1) (ठ) नागरिकों को अधिकार है कि वो अपनी मांग और किसी बात के विरोध के लिए शांतिपूर्ण तरीके से एक जगह इकट्ठा हों।

संविधान के अनुच्छेद 19 (1) (ठ) नागरिकों को अधिकार है कि वो अपनी मांग और किसी बात के विरोध के लिए शांतिपूर्ण तरीके से एक जगह इकट्ठा हों।

स्थानीय प्रशासन को चाहिए कि इसके लिए खुले स्थान पर 'धरना स्थल' चिन्हित करें। अधिकांश जिला प्रशासन के द्वारा धरना-प्रदर्शन का स्थान चिन्हित है, परन्तु प्रखण्ड प्रशासन के अन्तर्गत स्थान चिन्हित नही होने के कारण लोग अपनी मनमर्जी से स्थान का चयन कर धरना-प्रदर्शन में बैठ जाते है। अतः आवश्यक है कि प्रजातांत्रिक मनोभाव को उजागर करने के लिए स्थानीय स्तर पर भी सभा स्थल के रूप में 'सार्वजनिक स्थल' को चिन्हित किया जाए, जहां पर बैठने की उचित व्यवस्था हो। धरना-प्रदर्शन हेतु निर्धारित स्थान तिथि एवं समय में स्थल कर्णंकित करने के संदर्भ मे सक्षम पदाधिकारी से अनुमति ली जा सकती

है, ताकि एक ही स्थल पर एक ही समय पर कई कार्यक्रम निर्धारित ना किया जा सके।

> प्रजातांत्रिक मनोभाव को उजागर करने के लिए स्थानीय स्तर पर सभा स्थल के रूप में 'सार्वजनिक स्थल' चिन्हित किया जा सकता है।

उग्र भीड़

यह एक नई शुरूआत देखी जा रही है। कई मामलें प्रकाश में आते हैं जिसमें आरोपी को पकड़कर उग्र भीड़ द्वारा पीट-पीट कर मार दिया जाता है। प्रतिबंधित मांस तस्करी का मामला हो, डायन-बिसाही का मामला हो या प्रेम-प्रसंग का मामला हो, उग्र भीड़ की ऐसी करतूत देखने को मिल जाती है। लोग इतने उग्र रूप कैसे ले रहे है? इसका कोई निदान है?

कुछ लोग यह मानते है कि प्रशासनिक एवं न्याययिक व्यवस्था से नाराजगी उग्रता का एक कारण बनता है। कोई घटना होने पर पुलिस हो या दण्डाधिकारी समय से नही पहुँचते हैं। न्यायालय में मामला गया तो इसकी कोई गारंटी नही कि मामला का निर्णय कितने समय में होगा। कुछ मामले ऐसे है जो सीधा आस्था से जुड़ा है। प्रतिबंधित मांस वैसे पशु की है जिसकी लोग पूजा करते है, आराधना करते है। अपने आराध्य के टूकड़े-टूकड़े मांस को देखकर लोग विचलित हो जाते है। भीड़ उग्र नही होगी, तो पुलिस प्रशासन मामले को ठण्डे बस्ते में डाल देते है। इसलिए त्वरित कार्रवाई के लिए भीड़ उग्र हो जाती है। ऐसा ही मामला डायन-बिसाही का भी है। गांव घर में एक दूसरे की गतिविधि से सभी अवगत होते है। झाड़-फूक ओझा-नैया, सब कुछ परम्परागत रूप से चला आ रहा है। इसी रीति को सीखने के क्रम में कुछ लोग अभ्यास करते है और व्यक्ति की जान चली जाती है। ग्राम स्तर पर वैसे लोगों को हमेशा आगाह कराया जाता है कि इस तरह के अंधविश्वास कार्य को न

सीखें परन्तु लोग नही मानते है, और जब अपना परिजन किसी व्यक्ति के व्यक्तिगत स्वार्थ से खोता है, तो उक्त व्यक्ति के विरूद्ध जन-आक्रोश बढ़ जाता है।

कुछ लोग का यह भी मानना है कि प्रेम-प्रसंग के मामले कई ग्रामों को बिल्कुल स्वीकार्य नही है। जाति-धर्म की परम्परा सदियों से चली आ रही है। उस परम्परा को तोड़कर किसी व्यक्ति विशेष के द्वारा एक परिवार की अस्मितता लूट ली जाती हैः इससे बचने के लिए कितनी बार व्यक्ति विशेष को समझाया जाता है। उसके परिवार को समझाया जाता है, परन्तु कोई कार्रवाई नही होने की स्थिति में समाज अपना रूख लेता है और अपने स्तर से सजा देने की व्यवस्था करता है। कुछ लोग का यह भी मानना है कि इस तरह की उग्र भीड़ के मामलों के पीछे राजनीतिक स्वार्थ होता है, जो पार्टी विशेष के समर्थन से उग्र हो जाता है।

उग्र भीड़ का व्यवहार सामाजिक व्यवस्था का परिणाम माना जा सकता है। इसके अन्तर्गत प्रशासनिक व्यवस्था, पुलिस व्यवस्था, न्याय व्यवस्था आदि होती है। जब एक व्यवस्था असफल होती है, तो व्यवस्था अपना विपरीत रूप धारण कर लेती है। न्यायिक व्यवस्था कानून से बंधी व्यवस्था है, उसके द्वारा दिया गया निर्णय विधि सम्मत एवं सर्वमान्य माने जाते है परन्तु सामाजिक स्तर से सजा देने का प्रावधान 'समाज विशेष' के अन्तर्गत तो मान्य हो जाता है परन्तु अन्य समाज इसे स्वीकार नही करता है वो भी जब मानवता को शर्मशार करने का मामला हो। उग्रता तो तभी शान्त हो सकती है जब व्यवस्था में लोगों की आस्था जगे एवं व्यवस्था में लोगों का विश्वास बने।

उग्रता तभी शान्त हो सकती है जब लोगों की व्यवस्था में आस्था जगे एवं विश्वास बने।

यह तभी संभव हो पाएगा जब प्रशासनिक व्यवस्था, राजनीतिक व्यवस्था, न्यायिक व्यवस्था आदि सुदृढ हो। आम जन यह महसूस करे

कि वे 'कानून के शासन' वाले राज्य में निवास कर रहे हैं, जहां पुलिस-प्रशासन सुलभ है, संवेदनशील है और तत्परता से अपने कर्त्तव्य का निर्वहन कर रहे है। आम जन यह महसूस करें कि न्यायिक व्यवस्था में ससमय निर्णय होता है, दोषियों को बख्शा नही जाता है। आम जन महसूस करें कि राजनीतिक व्यवस्था निहित स्वार्थ के लिए नही है, बल्कि वहां समाज-हित में निर्णय लिए जाते है। किसी दूसरे के अधिकार का हनन कर अपनी स्वार्थ सिद्धी नही की जाती है। इन सब व्यवस्थाओं से ऊपर व्यक्ति विशेष है, जिससे मिलकर ही व्यवस्था का निर्माण हुआ है; अतः व्यक्ति विशेष संयम बरते तथा व्यवस्था में भरोसा रखें तथा दूसरे को अपना कंधा उपयोग करने हेतु समर्पित न करें।

आम आदमी महसूस करे कि वे कानून के शासन वाले राज्य में रहते हैं तथा शासन, प्रशासन, पुलिस एवं न्यायिक व्यवस्था उनके लिए कार्य कर रही है।

जुलूस

धार्मिक और सांस्कृतिक जुलूस आम बात है। यह जुलूस मुख्य रूप से रास्ते को लेकर विवाद में परिणत हो जाता है। विधि को तोड़ना तो हर कोई देख सकता है, परन्तु व्यवस्था को तोड़े जाने पर पता नही चलता है। व्यवस्था, जो परम्परा से चली आ रही हो, को तोड़ने के पीछे अक्सर राजनीतिक कारण देखने को मिलते है। इसे नियंत्रित करने के लिए शांति समिति की बैठक होती है; फिर भी दुर्घटनाएँ हो जाती है। क्या इसके निदान की कोई वैकल्पिक व्यवस्था है?

कुछ लोग यह कहते है कि जुलूस हमारे धार्मिक और सांस्कृतिक कार्यक्रम का हिस्सा है। यह कार्यक्रम समाज के बड़े हिस्से को एक साथ एक स्थान पर मिलने और दूसरे स्थान पर जाने से होता है। जुलूस

के रूप में भीड़ कई समुदाय या पंथ में निकलता है परन्तु हिन्द और मुस्लिम पंथ के जुलूस में ही विवाद क्यों होता है?

कुछ लोग यह मानते है कि हिन्द बहुसंख्यक है अतः उनकी धार्मिक भावनाओं को ठेस नही पहुंचना चाहिए और मुस्लिम यह मानते है कि वें अल्पसंख्यक है अतः उनकी धार्मिक भावनाओं को बहुसंख्यक समाज के द्वारा नही कुचला जाना चाहिए। फिर दोनों समाज यह मानने लगते है कि जिस सड़क मार्ग से एक पंथ के लोग जा सकते हैं तो दूसरे पंथ के लोग क्यों नही जा सकते। दोनों समाज में समय को लेकर भी खीच तान होती है और दोनों चाहते है कि अपनी सुविधा के अनुसार धार्मिक क्रियाकलाप करें। कई बार एक दूसरे को चिढ़ाने के लिहाज से भी परस्पर एक दूसरे के धार्मिक स्थलों के पास ढोल पीटने लग जाते है। एक पंथ के द्वारा दूसरे पंथ के लोगों पर रंग-अबीर पड़ जाने से भी जुलूस विवाद का रूप ले लेता है।

जुलूस वह प्रक्रिया है जिसमें एक समान उद्देश्य से एकत्रित होकर कुछ लोग एक स्थान से दूसरे स्थान पर जाते हैं। साथ चलने के दौरान परम्परागत हथियार भी रखते हैं, गीत-संगीत भी होता है। यह जुलूस दुःख और सुख दोनों में होता है। जुलूस को लेकर विवाद अक्सर सड़क मार्ग को लेकर देखा गया है। सड़क मार्ग पराम्परागत रूप से निर्धारित होता है जिसे सक्षम पदाधिकारी के द्वारा सत्यापन के उपरांत रूट परमिट निर्गत किया जाता है। परन्तु उक्त पराम्परागत रूट से विचलन की स्थिति में विवाद उत्पन्न हो जाता है। जूलूस के लिए रूट परमिट पुराने पद्धति से दी जाती रही है समय बदला है, आबादी बढ़ी है, एवं भू-क्षेत्र के बनावट में परिवर्तन भी हुआ है, ऐसे में आवश्यक हो जाता है कि नये समूहों की पहचान की जाय एवं नये विवाद रहित मार्ग कर्णांकित किया जाय।

समय बदला है, आबादी बढ़ी है, एवं भू-क्षेत्र के बनावट में परिवर्तन भी हुआ है, ऐसे में आवश्यक है कि नये समूहों की पहचान की जाय एवं नये विवाद रहित मार्ग कर्णांकित किया जाय।

दूसरे पंथ के प्रति सहिष्णुता का होना अति आवश्यक है, जिसके लिए समाज के यशस्वी वर्ग को आगे आना चाहिए तथा उनके परम्परागत क्रिया कलाप को समझने के लिए आपसी सांस्कृतिक लेन-देन कार्यक्रम के तहत राजकीय सांस्कृतिक महोत्सव का लगातार आयोजन होना चाहिए तथा समय पूर्व प्रशासनिक मध्यस्थता से उभयपंक्षों की उपस्थिति में विवाद का हल कर दिया जाना चाहिए।

सहिष्णुता वृद्धि करने के लिए आपसी सांस्कृतिक लेन-देन कार्यक्रम के तहत राजकीय सांस्कृतिक महोत्सव का लगातार आयोजन होना चाहिए।

संक्षेप में

सड़क जाम

प्राकृतिक आपदा या सड़क दुर्घटना में मृत्यु के हालात में सड़क जाम की स्थिति से बचने के लिए मृतक के परिजनो को पारिवारिक लाभ योजना के अन्तर्गत मुआवजा की राशि समय समय पर बढ़ाया जाय। स्थानीय प्रशासन के पास अग्रीम धन राशि की व्यवस्था हो। मृतक के उम्र का बन्धन न हो। गरीबी रेखा के साथ साथ आर्थिक रूप से कमजोर परिवारों को भी मुआवजा दी जाए। गुजरात एवं उत्तराखंड सरकार के द्वारा संचालित पशु मृत्यु योजना के तर्ज पर झारखंड राज्य में भी प्रावधान किया जा सकता है।

धरना-प्रदर्शन

प्रजातांत्रिक तरीके से धरना प्रदर्शन करने के लिए, स्थानीय प्रशासन खुले स्थान पर 'धरना स्थल' चिन्हित करें। सभा स्थल के रूप में 'सार्वजनिक स्थल' का निर्माण हो, जहाँ पर बैठने के लिए उचित व्यवस्था हो।

उग्र भीड़

भीड़ का उग्र होना, उग्र भीड़ के द्वारा सार्वजनिक सम्पति नष्ट किया जाना, मॉब लिचिंग जैसे घटना का अंजाम देना जैसे भीड़ व्यवहार में नियंत्रित तभी संभव है, जब 'कानून के शासन' में लोगों का आस्था जगे। पुलिस प्रशासन अति सुलभ एवं संवेदनशील हो। न्यायिक व्यवस्था ससमय निर्णय ले और राजनीतिक निहित स्वार्थ में न होकर समाजहित में हो। व्यक्ति विशेष संयम बरते तथा व्यवस्था में भरोसा रखें तथा दूसरे को अपना कंधा उपयोग करने हेतु समर्पित न करें।

जुलूस

भीड़ का इकट्ठा होना, भीड़ का एक स्थान से दूसरे स्थान पर आवागमन होना आदि के लिए जुलूस कमिटी के द्वारा यह अग्रिम रूप से सुनिश्चित किया जाना चाहिए कि जुलूस निर्धारित परम्परागत रूट से ही भ्रमण करेगा। नये रूट के लिए विधिवत् सत्यापन के उपरांत रूट परमिट निर्गत किया जाना चाहिए। दूसरे धर्म के प्रति सहिष्णुता विकसित करने के लिए सांस्कृतिक लेन-देन कार्यक्रम के तहत राजकीय सांस्कृतिक महोत्सव का लगातार आयोजन होना चाहिए।

8

स्थानीय प्रजातंत्र

प्रजातंत्र के तीन मुख्य स्तम्भ विधायिका, कार्यपालिका और न्यायपालिका हैं। मीडिया चौथे स्तम्भ के रूप में कार्य करती है। विधायिका कानून बनाती है। कार्यपालिका कानूनों को लागू करती है। न्यायपालिका कानूनों की व्याख्या करती है और विवादों का निपटारा करता है तथा मीडिया उनके गतिविधियों पर नजर रखती है। इनकी कार्य शैली इसे मजबूती प्रदान करती है। इन चारों स्तंभों की कार्य शैली में बदलाव आया है।

विधायिका नीतिगत निर्णय लेने वाली एक संस्थान होती है, जिसमें जनप्रतिनिधि सदस्य के रूप मे होते है। उनके निचले स्तर से लेकर उपरी स्तर तक परिवर्त्तन देखने को मिल रहा है।

नीतियों के निर्माण और कार्यान्वयन के लिए कार्यपालिका होती है, जिसका क्रियान्वयन सिविल प्रशासन और पुलिस प्रशासन दोनो मिलकर करते हैं। उनकी सटीक कार्यशेली से विकास का लाभ आम नागरिक तक पहुंच पाता है।

न्यायपालिका के मुख्य कार्य कानून की व्याख्या करना, उसे लागू करना, विवादों का निपटारा करना, नागरिकों के अधिकारों की रक्षा करना और संविधान का संरक्षण करना है। यह सरकार की एक स्वतंत्र

शाखा है, जो निष्पक्ष और न्यायपूर्ण निर्णय सुनिश्चित करती है। इन दिनों दायर मामलों की संख्या बढ़ रही है, लोग छोटे-छोटे मामलें को लेकर उच्च न्यायालय का दरवाजा खटखटा रहे है।

मीडिया संचार का साधन है, जो लोगों तक व्यापक रूप से पहुचती है और उन्हे प्रभावित करते हैं। मीडिया सूचना और मनोरंजन को बड़े दर्शक वर्ग तक पहुंचाने में उपयोगी है। इसमें समाचार पत्र, पत्रिकाएं, रेडियो, टेलीविजन, इंटरनेट और सोशल मीडिया जैसे विभिन्न माध्यम शामिल हैं। स्थानीय पत्रकारिता की स्थिति अच्छी नहीं है। बेरोजगारी की लाचारी में कई लोग स्थानीय पत्रकारिता से जुड़ कर कार्य कर रहें है।

स्थानीय शासनिक व्यवस्था

जनप्रतिनिधियों का निचले स्तर पर पंचायती करना,जनता की समस्या हल करना,बेवजह भीड़ इकट्ठा न करना जैसे महत्वपूर्ण कार्य किए जाने की अपेक्षा की जाती है, परन्तु उनका रूख विरोधात्मक हो चला है। राजनीति से प्रेरित होकर कई बार सरकारी कार्य मे बाधा भी डाली जाती है। जिसके कारण धारा 353 के अन्तर्गत सरकारी कार्य में बाधा डालने का मामले भी बढ़ते जा रहे हैं। जन शिकायत को कई लोगों ने पैसे कमाने का जरिया बना रखा है। इस दिशा मे बदलाव कैसे संभव है?

कुछ लोग कहते है कि पंचायती राज आने पर जन प्रतिनिधियों की संख्या बढ़ी है। हर स्तर पर जनप्रतिनिधि जनता के लिए खड़े दिखाई पड़ते है। उनमें से कुछ लोग व्यक्तिगत स्वार्थ से भी प्रेरित होते है।

कुछ लोग यह भी कहते है कि स्थानीय स्तर पर बहुत लोग ऐसे हैं, जो ब्लॉक या जिला कार्यालय से कार्य नहीं करा पाते हैं, वैसे में वे लोग जरूरतमंदों से राशि प्राप्तकर उनका कार्य करा देते है।

स्थानीय स्तर पर जन प्रतिनिधियों की सकारात्मक भूमिका के लिए प्रशासनिक स्तर पर उनकी सहभागिता बढ़ाने की आवश्यकता है।

पंचायती राज का समुचित क्रियान्वयन करते हुए उसके सभी विभाग को जागृत एवं क्रियाशील करने की आवश्यकता है।

पंचायती राज का समुचित क्रियान्वयन कर स्थानीय स्तर पर जन प्रतिनिधियों की सकारात्मक भूमिका बढ़ाया जा सकता है।

कार्यालय में कालबद्ध तरीकें से कार्य का सम्पादन होने और उसके बाद आने वाली जनशिकायतों का कालबद्ध निपटारा किए जाने के लिए प्रत्येक कार्यालय में जनशिकायत सेल खोलने और शिकायतों का समयबद्ध निबटारा किए जाने की आवश्यकता है जिससे निचले स्तर पर स्थानीय शासनिक व्यवस्था सुदृढ़ होगी और लोगों का कार्य ससमय निष्पादित हो सकेगा।

कार्यालय में कालबद्ध तरीकें से कार्य का सम्पादन होने और जनशिकायतों का कालबद्ध निपटारा किए जाने से निचले स्तर पर स्थानीय शासनिक व्यवस्था सुदृढ़ हो सकता है।

स्थानीय सिविल प्रशासन

सिविल सेवा सरकार का एक महत्वपूर्ण अंग है, जो देश के सुचारू संचालन और विकास में महत्वपूर्ण भूमिका निभाता है। इसमें विभिन्न प्रकार के पद शामिल होते हैं, जैसे कि प्रशासनिक, पुलिस, और अन्य सेवा के अधिकारी, जो नीतियों को लागू करने, कानून व्यवस्था बनाए रखने और नागरिकों को सेवाएं प्रदान करने के लिए जिम्मेदार होते हैं। सिविल सेवा की कार्य प्रणाली दबाव पर आधारित होती जा रही है, जो भय सृजित कर कार्रवाई करने तक होती है। कार्रवाई के अन्तर्गत तनख्वाह रोको, तनख्वाह काटो, निलंबित करो, बर्खास्त करो आदि होते है। प्रत्येक समन्वय बैठक मे ऐसा ही रूख चलता रहता है, जबकि

आवश्यकता है निचले स्तर पर कार्य व्यवस्था में सुधार लाने की। कार्य व्यवस्था कैसे सुगम और सरल हो इस पर चर्चा की आवश्यकता है।

कुछ लोग का मानना है कि आम आदमी के लिए समयबद्ध एवं सुगम कार्य प्रणाली की आवश्यकता होती है। आवश्यकतानुसार पदाधिकारी उपलब्ध हो, संवेदन-शीलता पूर्वक समस्या को सुनकर त्वरित कार्यवाही करते हुए कार्य का निष्पादन किया जाए तथा कोई जन-शिकायत प्राप्त होने पर उसके निबटान में भी तत्परता दिखलाई जाए।

परन्तु एक विशेष वर्ग का सोचना है कि वह सब तभी संभव है, जब दबाव की कार्य प्रणाली समाप्त हो। प्रत्येक बैठक मे धमकी भरा माहौल, तनख्वाह कटने का डर, निलंबित होने का डर, बर्खास्त होने का डर आदि समाप्त होना चाहिए। आज इसी दबाव के कारण अधिकांश पदाधिकारी शुगर, बी0पी0 जैसे कार्य शैली पर आधारित रोगों के शिकार हो रहे हैं।

कई पदाधिकारियों का मानना है कि एक पदाधिकारी परिवार, समाज, कार्यस्थल, बॉस और स्वयं के बीच ताल-मेल नही बैठा पा रहा है। स्वयं की रूचि-अभिरूचि की तो बात ही छोड़ दे, न तो परिवार के लिए समय है और न ही समाज के लिए। न तो मित्रों के साथ बैठकर ठहाके लगाने का समय है और न मन की बात शेयर करने का मौका है। और तो और सामाजिक कार्य मे सहभागी भी नही हो पाते हैं। यहां तक कि माता-पिता की सेवा करने के लिए भी अनिवार्य रूप से छुट्टी उपलब्ध नहीं हो पाती है।

सिविल सेवा मे बहाली के लिए चयन प्रक्रिया में मानवीय मूल्यों यथा साहस, त्याग, समाज सेवा, ईमानदारी, कर्तव्यनिष्ठा आदि की जांच करने हेतु संघ लोक सेवा आयोग में बहाली की तर्ज पर मनोवैज्ञानिक जाँच अनिवार्य की जानी चाहिए, ताकि सेवा की जरूरतों के मुताबिक व्यक्तित्व ढाला जा सके।

झारखण्ड लोक सेवा आयोग के द्वारा संचालित परीक्षाओं में संघ लोक सेवा आयोग के बहाली की तर्ज पर मनोवैज्ञानिक जाँच अनिवार्य किया जा सकता है।

ट्रांसफर-पोस्टिंग वर्ष में एक बार उन पदाधिकारियों के लिए हो, जिनका एक स्थान पर तीन वर्ष या अधिक से पदस्थापन हो चुका हो। इसकी प्रक्रिया में सभी रिक्त पद सुनिश्चित कर सभी संभावित पदाधिकारियों का रैंकवार सूची तैयार कर ली जानी चाहिए तथा एक बार में विभाग के सभी अहर्ता पूर्ण करने वाले पदाधिकारियों का ट्रांसफर-पोस्टिंग हो जानी चाहिए, ताकि किसी भी पदाधिकारी को पदस्थापन हेतु इन्तजार न करना पड़े।

एक बार में विभाग के सभी अहर्ता पूर्ण करने वाले पदाधिकारियों का ट्रांसफर-पोस्टिंग हो जानी चाहिए, ताकि किसी भी पदाधिकारी को पदस्थापन हेतु इन्तजार न करना पड़े।

पदाधिकारी के आश्रित सहित स्वयं के इलाज के लिए केंद्र सरकार स्वास्थ्य योजना; (सीजीएचएस) की तरह राज्य सरकार स्वास्थ्य योजना होना चाहिए जो कर्मचारियों, पेंशनभोगियों और उनके आश्रितों को स्वास्थ्य सेवाएं प्रदान करे, ताकि उचित लागत पर गुणवत्तापूर्ण स्वास्थ्य सेवाएं मिल सकें।

केंद्र सरकार स्वास्थ्य योजना; (सीजीएचएस) की तरह राज्य सरकार स्वास्थ्य योजना होना चाहिए जो कर्मचारियों, पेंशनभोगियों और उनके आश्रितों को स्वास्थ्य सेवाएं प्रदान कर सकता है।

ट्रांसफर-पोस्टिंग मे समान स्थानांतरण एक जटिल कार्य होता है। इसलिए पदस्थापन स्थल पर अवस्थित आवासीय भवन सेमी-फर्निश्ड

हो जिसमे चौकी, कुर्सी, टेबल, पलंग जैसे भारी सामान की पूर्व से व्यवस्था होनी चाहिए।

पदाधिकारियों के पदस्थापन स्थल पर अवस्थित आवासीय भवन को सेमी-फर्निश्ड किया जा सकता है।

ट्रांसफर-पोस्टिंग के बाद पदाधिकारियों के बच्चों की पढाई हेतु विद्यालय में दाखिला होना एक परेशानी का कारण होता है, इसलिए सरकारी पदाधिकारी या कर्मी के लिए प्रत्येक जिला में अवस्थित उत्कृष्ट विद्यालय एवं राज्य सरकार के साथ दाखिला संबन्धी आपसी समझौता किया जाना चाहिए, ताकि दाखिला संबन्धी कोई समस्या न हो और बच्चों को समुचित शिक्षा अनवरत मिल सके।

पदाधिकारियों के बच्चों की पढाई हेतु जिला में अवस्थित उत्कृष्ट विद्यालय एवं राज्य सरकार के साथ दाखिला संबन्धी आपसी समझौता किया जा सकता है।

प्रत्येक विभाग में नये संकल्प निकलते है, कानून बनते है, नियमावली में परिवर्त्तन किए जाते है-जैसी स्थिति में इन परिवर्त्तनों से अपने को अवगत कराने के लिए अनिवार्य रूप से कालबद्ध प्रशिक्षण सुनिश्चित किया जाना चाहिए।

पदाधिकारियों को नियम एवं कानून से अद्यतन रखने के लिए अनिवार्य रूप से कालबद्ध प्रशिक्षण सुनिश्चित किया जा सकता है।

राज्य के कई प्रशासनिक पदाधिकारी सफल अभिनव प्रयास कर रहे होते है और ऐसा दूसरे राज्यों में भी हो रहा होता है परन्तु न हमे दूसरे पदाधिकारियों से सीखने का मौका मिलता है और न ही अपने राज्य के सफलतम प्रशासनिक प्रयासों को दूसरे राज्य को बताने का मौका मिलता है। इससे एक तरफ दूसरे राज्यों के सफल प्रयासों को

अनुकरण नहीं कर पाते है वहीं दूसरी तरफ अपने राज्य की प्रगतिशील प्रशासनिक अनुभव साझा नहीं कर पाते है। इसके लिए प्रशासनिक पदाधिकारियों का विभिन्न राज्यों के साथ इंटर एक्सपीरियंस एक्सचेंज प्रोग्राम कर अपने अनुभव को साझा करने एवं दूसरे जिले के सफल अभिनव प्रयास को सीखने के लिए किया जा सकता है।

प्रशासनिक पदाधिकारियों का विभिन्न राज्यों के साथ इंटर एक्सपीरियंस एक्सचेंज प्रोग्राम कर अपने अनुभव को साझा करने एवं दूसरे जिले के सफल अभिनव प्रयास को सीखने के लिए किया जा सकता है।

किसी पदाधिकारी के व्यक्तित्व के निखार के लिए कालबद्ध प्रोन्नति एक अहम कदम होता है। डीपीसी की बैठक प्रत्येक माह में अनिवार्य रूप से सुनिश्चित की जानी चाहिए एवं उस बैठक में उक्त माह के सभी अहर्ता पूर्ण करने वाले पदाधिकारियों के प्रोन्नति पर चर्चा की जानी चाहिए। इससे एक तरफ सभी पदाधिकारी सजग होकर अपने सारे दस्तावेज अद्यतन रखेंगे एवं दूसरी तरफ कमिटी को बहुत सारे मामलें नहीं रहने पर सफलतापूर्वक मामलें का निष्पादन हो सकेगा।

डीपीसी की बैठक प्रत्येक माह में करते हुए उक्त माह के सभी अहर्ता पूर्ण करने वाले पदाधिकारियों के प्रोन्नति पर चर्चा की जानी चाहिए।

स्थानीय पुलिस प्रशासन

पुलिस प्रशासन का अर्थ है, कानून व्यवस्था बनाए रखने और अपराधों को रोकने के लिए पुलिस बलों का संगठन, प्रबंधन और संचालन। इसमें पुलिस की नीतियों को लागू करना, सार्वजनिक सुरक्षा सुनिश्चित करना और जनता की शिकायतों का निवारण करना शामिल है।

पुलिस अधिकारी कई बार बैठक में समझौता कराते और विधि व्यवस्था संधारण में व्यस्त दिखाई देते हैं, जिससे थाने में दर्ज काण्ड का अनुसंधान करने का समय कम मिलता है। साथ ही वैसे मामले के निष्पादन में समय दे पाते है, जिनपर ऊपर से भारी दबाव होता है, या जनता आन्दोलित होने की ओर अग्रसर होती है। क्या आपसी समझौता, विधि व्यवस्था जैसे भीड़ सम्भालने हेतु थाने स्तर पर अलग पुलिस टीम की आवश्यकता है? और क्या अनुसंधानरत पुलिस टीम को कोई अन्य कार्य में न लगाए जाने की आवश्यकता है?

कुछ लोग कहते हैं कि आज भीड़ व्यवहार बढ़ी है। भीड़ सजा देने के लिए आतूर हो रही है, पुलिस प्रशासन को घेर कर उसे कार्य करने के लिए बाध्य भी कर रही है। साथ ही, भीड़ का उपयोग सड़क जाम,कार्यालय घेराव आदि करने के उपरान्त अपनी बात मनवाने के लिए पुलिस को बाध्य करती है।

कुछ लोग यह भी कहते हैं कि मुआवजा प्राप्त करना हो, तो भीड़ लगाकर रोड जाम कर दो और कोई पदाधिकारी अतिक्रमण मुक्त कराने आये, हो तो उसे भीड़ के द्वारा वापस भिजवा दो।

कुछ पदाधिकारी का कहना है कि पूजा, पर्व, त्योहार, चुनाव आदि ऐसे कार्य हैं, जिममें पुलिस की सहभागिता बढ़ जाती है। इसका नतीजा है कि पुलिस किसी केस को हल करने में काफी समय ले लेती है तथा मामला साल-दर-साल लंबित रह जाता है।

एक आकड़े के अनुसार झारखंड में पुलिस बल की स्वीकृत संख्या 82,853 है, जिसमें से 64,102 कार्यरत हैं। इसका मतलब है कि राज्य में लगभग 18,751 पुलिस पद खाली हैं। पुलिस व्यवस्था सीमित बल होने के कारण व्यस्त दिखाई पड़ती है। सीमित बल होने के कारण शिफ्टवार कार्य का सम्पादन नहीं हो पाता है। साथ ही महिलाओं की भीड़ में संख्या बढ़ने के कारण महिला पुलिस की आवश्यकता भी बढ़

जाती है। अतः प्रत्येक थाने में महिला बल सहित पुलिस सशस्त्र बल की संख्या बढ़ाने की आवश्यकता है।

प्रत्येक थाने में महिला बल सहित पुलिस सशस्त्र बल की संख्या बढ़ाया जा सकता है।

कोई काण्ड दर्ज होने पर मामले का निष्पादन हेतु अनुसंधान की आवश्यकता पड़ती है। अधिकांश समय विधि व्यवस्था संधारण मे लगने के कारण काफी संख्या में मामले लंबित रह जाते है। अपराध अनुसंधान विभाग, राज्य पुलिस का एक महत्वपूर्ण अंग है, जो गंभीर और जटिल आपराधिक मामलों की जांच करके कानून और व्यवस्था बनाए रखने में महत्वपूर्ण भूमिका निभाता है। इसका दायरा बढ़ाते हुए सीआईडी के द्वारा प्रत्येक थाना में पदाधिकारी तैनात किए जाएं, ताकि प्रशासनिक कार्य और अनुसंधान कार्य मिश्रित न हो सकें और विधि व्यवस्था संधारण तथा अनुसंधान कार्य समान्तर रूप से चल सके।

विधि व्यवस्था का संधारण एवं अपराध अनुसंधान कार्य को अलग कर पुलिस विभाग को और प्रभावशाली बनाया जा सकता है।

स्थानीय न्यायिक व्यवस्था

स्थानीय न्यायिक व्यवस्था एक ऐसी प्रणाली है, जिसमें स्थानीय स्तर पर विवादों को सुलझाने और न्याय प्रदान करने के लिए अदालतें और कानूनी प्रक्रियाएं स्थापित की जाती हैं। यह व्यवस्था अक्सर औपचारिक अदालती प्रणाली के साथ-साथ चलती है और इसका उद्देश्य न्याय तक पहुंच बढ़ाना, कानूनी प्रक्रिया को सरल बनाना और सामुदायिक भागीदारी को बढ़ावा देना है।

कई स्तर पर निराशा मिलने के बाद भी लोगों की आस्था भारतीय न्यायिक व्यवस्था में बने रहने का श्रेय इसकी समुचित व्यवस्था को जाता

है परन्तु दिन-ब-दिन लंबित मामलों की संख्या बढ़ते जाने से समाज के कई वर्गो पर असंतोष की भावना भी उत्पन्न हुई है। लंबित मामलों की त्वरित कार्यवाही के लिए कैसा बदलाव अपेक्षित है?

कुछ लोग मानते हैं कि आज हर जगह हार कर भी आम आदमी न्यायालय में भरोसा करता है। जब न्यायालय अपना फैसला सुनाता है, तो बहुत खुशी होती है कि चलो दोषी को सजा मिल गई।

कुछ लोग कहते हैं कि कई मामलें जब लम्बी अवधि के लिए खींच जाते है, तब काफी निराशा भी होती है। मामलें निपटारा करने की प्रक्रिया सरल होनी चाहिए तथा कम समय में न्याय मिलना चाहिए।

झारखंड का पहला ग्राम न्यायालय 27 फरवरी, 2016 को कोडरमा जिले के झुमरीतिलैया में शुरू हुआ था। इसके अलावा, रांची जिले के मांडर ब्लॉक में, जमशेदपुर के बहरागोड़ा में, देवघर जिले के मधुपुर में एवं दुमका जिले के जरमुंडी में एक-एक ग्राम न्यायालय अवस्थित है। ग्राम न्यायालय अधिनियम, 2008 के अनुसार, ग्राम न्यायालय ग्रामीण क्षेत्रों में नागरिकों को त्वरित और आसान न्याय प्रदान करने के लिए स्थापित किए गए हैं। ये न्यायालय दीवानी और आपराधिक दोनों प्रकार के मामलों की सुनवाई कर सकते हैं। ऐसे ग्राम न्यायालय राज्य के अन्य प्रखंडो में भी खोले जाने की आवश्यकता है, ताकि निचले स्तर पर जमीन से संबंधित या आपसी मतभेद से संबंधित छोटे मामले का ग्राम न्यायालय में निपटारा हो सके।

ग्राम न्यायालय अधिनियम, 2008 के अंतर्गत ग्रामीण क्षेत्रों में नागरिकों को त्वरित और आसान न्याय प्रदान करने के लिए राज्य के सभी प्रखंडों में ग्राम न्यायालय खोला जा सकता है।

दीवानी मामलों का थाना तथा अंचल कार्यालय के द्वारा स्थानीय स्तर पर समस्या का निपटारा करने के लिए साप्ताहिक समन्वय

कार्यक्रम का आयोजन किया जाना चाहिए, ताकि निचले स्तर पर ही जमीन संबधित मामले का निपटारा हो सके।

दीवानी मामलों का थाना तथा अंचल कार्यालय के द्वारा स्थानीय स्तर पर समस्या का निपटारा करने के लिए साप्ताहिक समन्वय कार्यक्रम का आयोजन किया जा सकता है।

स्थानीय पत्रकारिता

मीडिया प्रजातंत्र का चौथा स्तम्भ है, जो पूरी व्यवस्था पर अपनी पैनी नजर रखती है परन्तु मीडिया के श्रोत बढ़ जाने एवं इलेक्ट्रॉनिक मीडिया के अन्दर मानों सूचना का भवंडर आ जाने के कारण सूचना की प्रमाणिकता प्रभावित हुई है। लोग किसी भी सूचना से दिग्भ्रमित कर दिए जा रहे है। इस सूचना बाढ़ की बेला में स्थानीय पत्रकारिता की गरिमा को कैसे अक्षुण रखा जा सकता है?

कुछ लोग मानते हैं कि स्थानीय स्तर पर लिखने वालों की संख्या बढ़ी है। आज कोई भी व्यक्ति इन्टरनेट से जुड़े सोशल मीडिया के वेबसाईट, वाट्सअप, फेसबुक, इन्स्टाग्राम आदि पर कोई भी सूचना बिना सत्यापन किए प्रकाशित कर दे रहा है।

कुछ लोग कहते हैं कि उत्तेजना पैदा करने वाली सूचना चन्द घन्टों में वायरल हो जाती है, जिससे लोग दिक्भ्रमित भी हो रहे है।

कुछ लोग कहते हैं कि सूचना को तोड़-मरोड़कर मसालेदार बनाकर भी परोस दिया जाता है जिससे अखबार में छपने वाली खबर भी कई बार एकतरफा दिखलाई पड़ती है।

स्थानीय स्तर पर लिखने वालों के लिए एक पत्रकार संहिता बनाने की आवश्यकता है जिससे पत्रकारिता के क्षेत्र में पत्रकारों को एक दिशा प्राप्त हो सके। यद्यपि झारखंड में पत्रकार भारतीय प्रेस परिषद और अन्य संबंधित संगठनों द्वारा निर्धारित दिशा निर्देशों का पालन करते हैं।

स्थानीय स्तर पर लिखने वालों के लिए एक पत्रकार संहिता बनाया जा सकता है।

स्थानीय स्तर पर वैसे युवा जो पत्रकारिता के क्षेत्र में आना चाहते हैं, उनकी पहचान कर उसे प्रशिक्षित किए जाने की आवश्यकता है। प्रशिक्षित किए जाने के उपरान्त उसका पहचान पत्र संख्या या पंजीकरण संख्या निर्गत किया जाना चाहिए, जो इलेक्ट्रोनिक मीडिया में प्रेषित प्रत्येक सूचना के साथ-साथ उल्लेखित हो। इलेक्ट्रोनिक मीडिया या प्रिंट मीडिया में पत्रकारों का मानक वेतन बनाते हुए पत्रकारिता की डिग्री या डिप्लोमा अनिवार्य होनी चाहिए। सबसे महत्वपूर्ण बात यह है कि पत्रकारों को वित्तीय प्रबंधन से अलग कर दिया जाना चाहिए, ताकि विज्ञापन लाने के चक्कर में सूचनाओं में तोड़-मरोड़ नहीं किया जा सके।

पत्रकारों का मानक वेतन बनाते हुए पत्रकारिता की डिग्री या डिप्लोमा अनिवार्य करते हुए उन्हें वित्तीय प्रबंधन से मुक्त किया जा सकता है।

संक्षेप में

स्थानीय शासनिक व्यवस्था

स्थानीय शासनिक व्यवस्था को मजबूत करने के लिए, प्रत्येक कार्यालय में जनशिकायत निपटारा केन्द्र प्रभावी रूप से संचालन करना अति आवश्यक है, ताकि निचले स्तर पर जनशिकायत का निपटारा हो जाए और उसका राजनीति न हो।

स्थानीय सिविल प्रशासन

स्थानीय सिविल प्रशासन को मजबूत करने के लिए अपेक्षित है कि पदाधिकारी मानसिक शक्ति विकसित करे। ट्रांसफर-पोस्टिंग वर्ष में एक बार उन पदाधिकारियों के लिए हो जिनका एक स्थान पर तीन वर्ष या अधिक से पदस्थापन हो चुका हो।

केन्द्र सरकार की सेवा की तर्ज पर राज्य सरकार सरकारी सेवक एवं उसके आश्रित का इलाज कराए। पदाधिकारियों के लिए पदस्थापन स्थल पर सम्पूर्ण फर्नीचर के साथ आवास की भी व्यवस्था हो। बच्चों के पठन-पाठन के लिए केन्द्रीय विद्यालय की तर्ज पर राज्य विद्यालय हो। कालबद्व प्रशिक्षण से नये नियमावली आदि से अवगत कराया जाए। कालबद्व ससमय प्रोन्नति की व्यवस्था हो।

स्थानीय पुलिस प्रशासन

स्थानीय पुलिस प्रशासन को मजबूत करने के लिए ग्राम कचहरी को सुद्दढ़ करने की आवश्यकता है। अपराध अनुसंधान के वृद्धि के लिए अपराध अनुसंधान विभाग के द्वारा प्रत्येक थाना में पदाधिकारी तैनात करने की आवश्यकता है, ताकि प्रशासनिक कार्य एवं अनुसंधान कार्य अन्तरमिश्रित न हो।

स्थानीय न्यायिक व्यवस्था

स्थानीय न्यायायिक व्यवस्था को मजबूत करने के लिए ग्राम न्यायालय को प्रभावी बनाना होगा तथा निचले स्तर पर थाना एवं अंचल अधिकारी के समन्वय से मामलों का निपटारा करना होगा।

स्थानीय पत्रकारिता

सूचना बाढ़ की बेला में सूचना की प्रमाणिकता बचाने एवं स्थानीय पत्रकारिता को मजबूत करने के लिए स्थानीय स्तर पर पत्रकारों के लिए पत्रकार संहिता तैयार करने की आवश्यकता है, जिससे पत्रकारिता के क्षेत्र में पत्रकारों को एक दिशा प्राप्त हो सके। इलेक्ट्रॉनिक मीडिया या प्रिंट मीडिया में पत्रकारों का मानक वेतन बनाते हुए डिग्री या डिप्लोमा को अनिवार्य किया जाना चाहिए। साथ ही, वित्तीय प्रबंधन हेतु विज्ञापन लाने की दिशा में पत्रकारों को हटाकर अलग प्रबंधन किया जाना चाहिए।

9

पंचायती राज व्यवस्था

झारखण्ड राज्य में 30 मार्च 2001 को पंचायती राज लागू किया गया, जिस दिन पंचायती राज अधिनियम विधानसभा में पारित हुआ था। फिर चुनाव हुए। जनप्रतिनिधि चुन कर आये। जनप्रतिनिधियों नें अपना-अपना कार्यभार संभाल लिया। गांधीजी के सपने वाला पंचायती राज भू-पटल पर उतारने की संभावना बढ़ने लगी। लोग अपने-अपने क्षेत्र के विकास के बारे में सोचने लगे। नतीजा सामने है-भौतिक संसाधन बढ़े एवं मानव संसाधन समृद्व हुए और स्थानीय स्वशासन का प्रभाव विकास पटल पर अपनी छाप छोडना प्रारम्भ कर दिया। इसकी गुणवत्ता में वृद्धि कैसे हो सकती है?

भौतिक संसाधन

पंचायतों में भौतिक संसाधनों की कमी नहीं है चाहे वह प्राकृतिक हो या मानव निर्मित। प्राकृतिक संसाधनों में नदी, पोखर, नाला (जोरिया), खनिज तत्व, पत्थर बालू, जंगल आदि का उचित रख-रखाव और समुचित देख-रेख के अभाव में कम उपयोग होता दिखाई दे रहा है। प्राकृतिक संसाधनों से स्व-आश्रित संसाधन कैसे विकसित कर उसकी उपयोगिता बढ़ायी जा सकती हैं?

भारतीय संविधान में, पंचायती राज व्यवस्था 73वें संविधान संशोधन के द्वारा 1992 में शामिल की गई है और 11वीं अनुसूची में शामिल करता है, जिसमें पंचायतों के 29 विषयों की सूची है, जबकि झारखण्ड राज्य में 30 मार्च 2001 को पंचायती राज लागू किया गया जिस दिन पंचायती राज अधिनियम विधानसभा में पारित हुआ था।

कुछ लोग यह कहते है कि प्रकृति ने हमें सब कुछ दिया है- पर्वत, पहाड़, नदी, पोखर, जल-जंगल जमीन आदि। उसी पर आश्रित होकर हमारा जीवन-यापन होता रहा है। प्रकृति ने जो कुछ भी दिया वह सार्वजनिक उपयोग के लिए है, आम है। इसका व्यक्तिगत उपयोग में लाने के लिए कर अधिरोपित किया जाता है। सरकार को चाहिए कि प्रकृति से प्राप्त संसाधनों को व्यक्तिगत उपयोग हेतु ग्राम स्तर पर स्थानीय लोगो के लिए कर अधिरोपितन करे। लेकिन, उसके व्यावसायिक उपयोग मे लाने हेतु स्थानीय स्वशासक के पास कर अधिरोपित करने की शक्ति प्रदत्त हो।

कुछ लोग यह भी कहते है कि स्थानीय पहाड़ से कोई पत्थर, कोयला आदि निकाल रहा है; स्थानीय सार्वजनिक पोखर में किसी नें व्यक्तिगत स्तर पर मछली का बीज डाल दिया है। इस प्रकार सार्वजनिक भूमि को व्यक्तिगत उपयोग में लाया जा रहा है। इन सभी सार्वजनिक संसाधनों को पंचायती राज के प्रतिनिधियों को सौंप दिया जाना चाहिए। जबकि, उन्हीं प्राकृतिक संसाधनों का उपयोग करने हेतु भवन बनाए गए, कूप बनाए गए, वृक्ष लगाए गए, सड़के बनाई गई, स्वास्थ्य केन्द्र बनाए गए। परन्तु उन सब के उचित रख-रखाव एवं समुचित देख-रेख के अभाव में उसका दुरूपयोग होना शुरू हो गया।

कुछ लोग यह भी मानते है कि ग्रामीण क्षेत्र में बहुत सारे भवनों के दरवाजें-खिड़कियां उजाड़ कर चोर-उचक्के ले जाते है। कुछ लोग वहां पर माल-मवेसी रखना शुरू कर देते है। वृक्षों को धड़ल्ले से काटने

लगते है। सड़कें जर्जर होने लगती है। इन सबका रख-रखाव एवं उसके जीर्णोद्वार की समुचित जिम्मेदारी पंचायतों को होनी चाहिए।

प्रकृति के द्वारा दिए गए सभी संसाधनों को उपयोग में लाने के लिए कानून बना है, चाहे वह जल, जंगल, जमीन हो या मानव निर्मित संसाधन। परन्तु, उसकी जानकारी लोगों को कम होती है। इसकी जानकारी के लिए झारखंड राज्य विधिक सेवा प्राधिकार द्वारा विधिक मित्र नियुक्त किए जाते हैं, जिसे पैरालीगल वॉलंटियर्स (पीएलवी) भी कहते है। ये स्वयंसेवक, कानूनी जागरूकता फैलाने, जरूरतमंदों को कानूनी सहायता प्रदान करने और न्याय तक पहुंच सुनिश्चित करने में अपनी महत्वपूर्ण भूमिका निभाते हैं। वे कानूनी जानकारी को आम लोगों तक पहुंचाने, कानूनी प्रक्रियाओं में मदद करने और कानूनी सहायता शिविरों के आयोजन में भी शामिल होते हैं। झारखंड में पैरालीगल वॉलंटियर्स (पीएलवी) को ₹700 प्रति दिन का मानदेय मिलता है। झारखंड में कुल पैरालीगल वॉलंटियर्स की संख्या 2633 है जिसकी सेवा सुरक्षित करते हुए ग्राम चौपाल में उनकी उपस्थिति अनिवार्य कर दिया जाना चाहिए।

सभी संसाधनों को उपयोग में लाने के लिए बने कानून से अवगत कराने के लिए पैरालीगल वॉलंटियर्स की ग्राम चौपाल में उपस्थिति अनिवार्य किया जा सकता है।

स्थानीय स्वशासक के लिए आवश्यक है कि प्राकृतिक संसाधनों का व्यक्तिगत उपयोग हेतु ग्राम स्तर पर स्थानीय लोगों के लिए कर अधिरोपित न करें, जबकि उसके व्यवसायिक उपयोग हेतु स्थानीय स्वशासक के द्वारा कर अधिरोपित किया जा सकता है। ज्ञात हो कि पंचायती राज व्यवस्था और स्थानीय स्वशासन से संबंधित कानूनों में ग्राम सभाओं को कुछ अधिकार दिए गए हैं, जिनमें प्राकृतिक संसाधनों का प्रबंधन भी शामिल है, लेकिन यह स्पष्ट रूप से नहीं कहा गया है कि स्थानीय लोगों को इन संसाधनों के उपयोग के लिए कर से पूरी तरह छूट

दी जाएगी। इसे स्पष्ट करते हुए स्थानीय लोगों के लिए सीमित सीमाओं के साथ व्यक्तिगत उपयोग के लिए बालू को कर मुक्त कर दिया जाना चाहिए।

स्थानीय लोगों के लिए सीमित सीमाओं के साथ व्यक्तिगत उपयोग के लिए बालू को कर मुक्त किया जा सकता है।

मानव निर्मित संसाधनों के लिए सबसे महत्वपूर्ण कार्य उसका रख रखाव है। पंचायती राज में सभी विभाग की समितियां बनी हुई हैं, परन्तु उसका अनुपालन जमीनी स्तर पर नही किया जा रहा है। उन समितियों को चाहिए कि अपने क्षेत्र के प्राकृतिक संसाधन एवं मानव संसाधन का सर्वेक्षण करायें एवं उसकी पंजी निरंतर अद्यतन करते रहें। इसके लिए सेवानिवृत कर्मियों/पदाधिकारियो, समाज सेवी कार्यकर्त्ताओं आदि का समूह बनाकर स्थानीय समितियों के नेतृत्व में कार्य लिया जा सकता हैं। जरूरत पडने पर जिला स्तर पर विशेषज्ञों की व्यवस्था की जा सकती हैं। इस प्रकार स्थानीय लोगों के सहयोग से प्राकृतिक संसाधनों और मानव निर्मित संसाधनों का सर्वे उपरांत परिसंपत्ति पंजी तैयार की जा सकती हैं।

पंचायती राज में गठित समितियों के द्वारा अपने क्षेत्र के प्राकृतिक संसाधन का सर्वेक्षण कराते हुए उसकी पंजी का निरंतर अद्यतन किया जा सकता है।

मानव संसाधन

पंचायत स्तर पर अनेक मानव समूह निर्मित कर कर्णांकित किया गया है यथा-स्वयं सहायता महिला समूह, किसान क्लब, कमल क्लब, स्वास्थ्य सहिया, जल सहिया, आँगनबाड़ी सेविका, एवं सहायिका, पारा शिक्षक, पंचायत स्वयं सेवक, पैरालीगल वॉलंटियर्स आदि। उन्हें समुचित मानदेय

नही मिलने के कारण उनकी विकास की गति धीमी है। सरकारी तंत्र से वे जुड़ तो जाते हैं, परन्तु वित्तीय सहयोग के रूप मे समुचित मानदेय नही मिलने के कारण सरकार के प्रति निराशा हाथ लगती है, जिसका नतीजा होता है कि वे अपनी सम्पूर्ण क्षमता का उपयोग नही कर पाते हैं। क्या मानव संसाधन अपनी क्षमता का समुचित उपयोग कर सकता है? क्या मानव संसाधन का समुचित उपयोग संभव है?

मानदेय रोजगार देने की शुरूआत उस परिस्थिति में की गई जब आबादी बढ़ने के साथ-साथ सरकारी संस्थान में काम का बोझ बढ़ता गया और नियुक्ति प्रक्रिया जटिल होने के कारण सेवाएं बाधित होने लगीं। परिणाम यह हुआ कि नियुक्ति प्रक्रिया को सरल बनाने हेतु अस्थायी व्यवस्था करते हुए कम समय में काम निकालने हेतु ग्राम सभा/स्थानीय शासन-प्रशासन की मदद से रोजगार सृजन होने लगा और इस पद्धति से चयनित लोगों को मासिक मानदेय देना प्रारंभ किया गया। यह सरल व्यवस्था एक विभाग में होने से दूसरे विभाग को भी प्रोत्साहन मिला। इस प्रकार, एक-एक करके कई सारे विभागों ने अस्थायी व्यवस्था के अन्तर्गत रोजगार दिलाना शुरू कर दिया। इस मासिक मानदेय से जब वित्तीय बोझ बढ़ने लगा, तो उसमें भी कटौती करने का उपाय निकाला गया-'काम के एवज में दाम'। इसका नाम दिया गया – प्रोत्साहन राशि। इसके अन्तर्गत मासिक मानदेय की जगह मासिक कार्य के विरूद्ध प्रोत्साहन राशि देना प्रारंभ किया गया अर्थात एक माह मे यदि कोई काम नही तो कोई प्रोत्साहन राशि नही।

लेकिन, इसमें भी एक परेशानी उभर कर सामने आयी-अगर कार्य के दौरान किसी की मृत्यु हो गई, तो आश्रित नौकरी मांगने लगते है। तो उससे छुटकारा पाने के लिए 'बाह्य श्रोत' नाम का जीन उतारा गया।

यह फास्ट फूड कल्चर का नतीजा है। कोई भी कार्य को तुरंत कराने की आवश्यकता बढ़ने के पीछे बहुत कारण रहे होंगे यथा आबादी का बढ़ना, सामाजिक जटिलता का बढ़ना आदि-आदि। परन्तु

उसका सरल निदान निकाल कर पूरी व्यवस्था उथल-पुथल कर दी गई। इसका नतीजा यह हुआ कि पारा शिक्षक, सेविका, सहायिका आदि सब आन्दोलनरत हो गए।

गांव के अधिकांश लोगों का मानना है कि मानदेय में नौकरी प्राप्त करना या कार्य के विरूद्ध प्रोत्साहन राशि मिलने वाली नौकरी करने पर कार्य के प्रति समर्पण का भाव अपेक्षाकृत कम हो जाता है, जिससे वे अपनी क्षमता का शत-प्रतिशत नही दे पाते हैं। आंगनबाड़ी सेविका-सहायिका, पोषण सखी, पारा शिक्षक आदि को मानदेय मिलता है और वह भी इतना कम मिलता है कि इस महंगाई के जमाने में बच्चों की पढ़ाई-लिखाई में खर्च करें, स्वास्थ्य में खर्च करें या दैनिक रोजमर्रा की वस्तुएं खरीद कर जीवन-यापन करें।

कुछ लोग यह कहते है कि मानदेय वाली नौकरी में प्रशासनिक पदाधिकारियों के द्वारा दोहन किया जाता है और उनकी कमी को सुधारने का मौका न देकर सीधे कार्यवाही करते हुए बर्खास्त कर दिया जाता है। उसके निर्णय के खिलाफ माननीय उच्च न्यायालय तक की शरण लेनी पड़ती है, जिसमे न्याय मिलने पर काफी देर हो जाती है।

कुछ लोग यह मानते है कि प्रोत्साहन राशि वाले कर्मियों का तो इससे भी बुरा हाल है-जल सहिया, पंचायत स्वयं सेवक, स्वास्थ्य सहिया, पैरालीगल वॉलंटियर्स आदि तो कार्य के विरूद्ध प्रोत्साहन राशि पर निर्भर है। यदि काम नही मिला, तो उस माह कर्ज में जीने और भूखे रहने के लिए बाध्य हो जाते है। और तो और; बाह्य स्त्रोत से ठेकेदारी मे सरकारी काम करने पर वित्तीय और मानसिक दोहन भी किया जाता है। इस व्यवस्था को नाम दिया गया है-आउट सोर्सिंग। इसमें तो कभी भी नौकरी से हटा दिया जाता है और यदि कोई दुर्घटना हो गई या किसी कर्मी की मृत्यु हो गयी; तो काम कराने वाला विभाग सीधे जिम्मेवारी से मुकर जाता है जैसे कि वह उस विभाग में काम ही नही कर रहा था और उसे कोई आर्थिक मदद भी नही मिल पाता है। यानि वर्त्तमान व्यवस्था

ऐसी है कि 'जीते-जी जीने नहीं देंगे और मरने के बाद परिवार को भी जीने नहीं देंगे'। उन सब का मानना है कि वाह्य स्त्रोत से सरकारी कार्य करने पर एक समय सीमा के बाद वें किसी काम के नही रह जाते हैं। उनका न तो जीवन के प्रति उत्साह बच पाता है और न ही कोई कौशल विकसित करने या नौकरी पाने की ही स्थिति में रह पाते हैं, क्योंकि उनकी उम्र सीमा ही निकल जाती है।

उन्हें 'समान काम के लिए समान वेतन' की तर्ज पर मानदेय मुहैया कराना ही निदान है, जिसे बजट का प्रावधान कर सम्पादित किया जा सकता है। ज्ञात हो कि पंजाब राज्य बनाम जगजीत सिंह मामले में 26 अक्टूबर, 2016 को सुप्रीम कोर्ट ने समान काम के लिए समान वेतन के सिद्धांत पर एक ऐतिहासिक फैसला सुनाया। सुप्रीम कोर्ट ने कहा कि समान काम करने वाले सभी कर्मचारियों को, चाहे उनकी नौकरी की स्थिति (अस्थायी, संविदात्मक या स्थायी) कुछ भी हो, समान वेतन मिलना चाहिए। सुप्रीम कोर्ट ने यह भी कहा कि समान काम के लिए समान वेतन का सिद्धांत, भारत के संविधान के अनुच्छेद 14 (समानता का अधिकार) और अनुच्छेद 39(डी) (राज्य द्वारा निर्देशित नीति, समान कार्य के लिए समान वेतन) में निहित है और यह सिद्धांत केवल नियमित कर्मचारियों पर ही नहीं, बल्कि अस्थायी, संविदात्मक और दैनिक वेतनभोगी कर्मचारियों पर भी लागू होता है।

बजट का प्रावधान कर समान काम के लिए समान वेतन की तर्ज पर अस्थायी, संविदात्मक और दैनिक वेतनभोगी कर्मचारियों को मानदेय भुगतान किया जा सकता है।

ग्राम स्तर पर मानव संसाधन का प्रशिक्षित करना अति आवश्यक है उसके अभाव में नौजवान बेरोजगार रह जाते है और स्वरोजगार के लिए कोई प्रयास भी नहीं कर पाते है। अतः ग्रामीण स्तर पर स्वरोजगार

को बढ़ावा देने के लिए युवाओं को व्यवसायपरक प्रशिक्षण देने की आवश्यकता है।

ग्रामीण स्तर पर स्वरोजगार को बढ़ावा देने के लिए युवाओं को व्यवसायपरक प्रशिक्षण दिया जा सकता है।

ग्राम स्तर पर युवाओं को रोजगार से जोड़ने एवं कोई भी व्यवसाय प्रारम्भ करने के लिए उन्हें सीड मनी की आवश्यकता पड़ती है। इसके अभाव में वे न कुछ नया सोच पाते है और न कुछ नया कर पाते है। अतः ग्राम स्तर पर युवाओं की सृजन क्षमता को विकसित कर व्यवसाय प्रारम्भ करने हेतु सीड मनी उपलब्ध कराने की आवश्यकता है।

ग्राम स्तर पर युवाओं की सृजन क्षमता को विकसित कर व्यवसाय प्रारम्भ करने हेतु सीड मनी उपलब्ध कराया जा सकता है।

ग्राम सभा

झारखण्ड में पंचायती राज अधिनियम सशक्त है, उसका पालन करने पर गांधी जी के स्थानीय स्वशासन का सपना साकार हो सकता है। गांधी जी के स्थानीय स्वशासन के विचार को ग्राम स्वराज के रूप में भी जाना जाता है, जिसका मतलब है गांवों का स्वशासन। उनका मानना था कि प्रत्येक गांव को आत्मनिर्भर होना चाहिए और अपने स्वयं के मामलों का प्रबंधन करने में सक्षम होना चाहिए। पंचायती राज अधिनियम को लागू करने में सबसे महत्वपूर्ण भूमिका "ग्राम सभा" की है, जिसकी समुचित एवं नियमित बैठक होना अत्यंत आवश्यक है, परन्तु इसका अभाव अक्सर देखने में मिलता है। पंचायती राज अधिनियम का समुचित अनुपालन कैसे संभव है?

पंचायत राज अधिनियम 2001 के अध्याय 2 में ग्राम सभा का विस्तृत विवरण दिया गया है। इसकी धारा-3 (2) के अनुसार ग्राम सभा

का तात्पर्य है, ग्राम पंचायत क्षेत्र के भीतर समाविष्ट किसी राजस्व गांव से सम्बंधित मतदाता सूची में पंजीकृत व्यक्तियों से मिलकर बनने वाली कोई निकाय। धारा-5 के अनुसार ग्राम सभा की बैठक समय-समय पर होगी, परन्तु किसी दो बैठकों के बीच का अन्तराल तीन माह से अधिक का नहीं होगा। धारा-6(2) के अनुसार ग्राम सभा की बैठक के संयोजन एवं संचालन का दायित्व मुखिया का होता है एवं धारा 7 में बताया गया है कि ग्राम सभा की गणपूर्ति (कोरम) ग्राम सभा के सदस्यों की 1/10 भाग की होती है, जिसमें कम से कम 1/3 भाग महिला का होना आवश्यक है।

कुछ स्थानीय लोगों का मानना है कि ग्राम सभा से वें तबाह हो गए है। कोई भी कार्य हो तो उसे ग्राम सभा में फेंक दिया जाता है। कोई-न-कोई विभाग ग्राम सभा के लिए तिथि निर्धारित करता रहता है। अगर उस सभा में उपस्थित हो जाए, तो भी उसे कोई सुनना नही चाहता है। जिसकी जुबान ऊंची हो, उसकी सुनी जाती है। जिसका गांव में वर्चस्व हो उसकी सुनी जाती है। जो प्रशासन के नजदीक हो उसकी सुनी जाती है। आम जनों को अपनी बात रखने में कठिनाई होती है। संचालक के मन में जो होता है पंजी में दर्ज कर दिया जाता है और हस्ताक्षर के लिए पंजी बढ़ा दी जाती है।

कुछ लोग यह भी मानते है कि ग्राम सभा में कोरम के बारे में लोग कम जानते है। महिलाओं एवं उपेक्षित वर्गों की भागीदारी सुनिश्चित करने के लिए समुचित प्रयास का अभाव देखा जाता है।

पंचायत राज अधिनियम ग्राम सभा को शक्ति प्रदत्त करने हेतु एक सशक्त माध्यम है। 'ग्राम सभा' एक सतत प्रक्रिया है, जिसे प्रत्येक माह एक निर्धारित स्थल पर एवं निर्धारित समय पर बैठना होता है। इस नियम का अनुपालन नही करने के कारण अलग-अलग तिथि एवं समय निर्धारित कर दिया जाता है, जिससे ग्रामीणों को उपस्थिति में परेशानी होती है एवं कोरम भी पूरा नही हो पाता तथा महिलाओं की अपेक्षित

भागीदारी सुनिश्चित नही हो पाती है। साप्ताहिक बैठक पूर्व निर्धारित समय एवं स्थल पर मुखिया की अध्यक्षता में सुनिश्चित की जानी चाहिए तथा इसे लागू कराने में प्रशासन को भी कटिबद्ध होना चाहिए तथा प्रत्येक परिवार के एक प्रतिनिधि को ग्रामसभा में अवश्य उपस्थित होना चाहिए। यदि प्रत्येक सप्ताह में निर्धारित अवधि एवं समय पर बैठक होने लगेगी तो सरकार द्वारा निर्धारित कोई भी कार्य जनता तक पहुंच जाएगा और स्वायत्तता का शासन सशक्त हो जाएगा। इसी दौरान लोग विकास कार्य की समीक्षा करने लग जाएगें और अपनी ज्यादा से ज्यादा समस्याओं का हल भी स्वयं करने लगेंगे।

साप्ताहिक बैठक पूर्व निर्धारित समय एवं स्थल पर सुनिश्चित करने के लिए कठोरता से पालन किया जा सकता है।

इस प्रकार, निरंतर ग्राम सभा की बैठक होने से जनता एवं जनप्रतिनिधि का सम्पर्क बढ़ जायेगा तथा ग्राम स्तर पर जनता एवं वार्ड सदस्य के माध्यम से उठाई गई समस्याओं का निराकरण पंचायत के मुखिया करने लगेंगे। जिस समस्या का निराकरण पंचायत स्तर पर ना हो सके, तो उसे पंचायत समिति सदस्य के माध्यम से प्रखण्ड स्तरीय पंचायत समिति की बैठक में उपस्थापित कर उसका निराकरण किया जा सकेगा। परन्तु यहां भी समस्या का निराकरण नही होने पर जिला परिषद सदस्य के माध्यम से जिला परिषद में उस समस्या को उपस्थापित कर उसका निराकरण किया जा सकेगा। वहां भी उसका निराकरण नही होने पर स्थानीय विधायक द्वारा विधानसभा मे समस्या को रख कर उसका निदान किया जा सकेगा।

ग्राम स्तर पर उठाये गये मुद्दे हल नहीं होने पर पंचायत समिति, जिला परिषद् होते हुए विधानसभा तक लाया जा सकता है।

ग्राम सभा में महिलाओं की एक तिहाई उपस्थिति आवश्यक है परन्तु अक्सर ऐसा देखा जाता है कि उनकी उपस्थिति पूरी नहीं हो पाती और ग्राम सभा की वैधानिकता नहीं मिल पाती। इसके कारण ग्राम सभा से चयन किये जाने वाले कई पद खाली रह जाते है या अनेक बार ग्राम सभा कराना पड़ता है। महिलाओं की उपस्थिति बढ़ाने के लिए यह आवश्यक है कि उनके बैठंने का उचित प्रबंध हो तथा उनके द्वारा उठाये गए बात को प्राथमिकता से चर्चा की जाये।

ग्राम सभा में महिलाओं की उपस्थिति बढ़ाने के लिए उनके बैठंने का उचित प्रबंध करते हुए उनके द्वारा उठाये गए बात को प्राथमिकता दिया जा सकता है।

संक्षेप में

भौतिक संसाधन

स्थानीय प्राकृतिक संसाधनों को व्यक्तिगत उपयोग हेतु स्थानीय लोगो के लिए कर अधिरोपित नही किया जाए, जबकि उसके व्यवसायिक उपयोग हेतु स्थानीय स्वशासक द्वारा कर अधिरोपित किया सकता है। झारखंड में पैरालीगल वॉलंटियर्स की सेवा सुरक्षित करते हुए ग्राम चौपाल में उनकी उपस्थिति अनिवार्य कर दिया जाना चाहिए। पंचायत स्तरीय समिति अपने अपने विभाग की परिसम्पति पंजी सृजित कर सकते है।

मानव संसाधन

पंचायत स्तर के मानव समूह यथा-महिला समूह, किसान क्लब, कमल क्लब, स्वास्थ्य सहिया, जल सहिया, आंगनबाड़ी सेविका एवं सहायिका, पारा शिक्षक, पंचायत स्वंय सेवक आदि को समान काम के लिए समान वेतन की तर्ज पर मानदेय मुहैया कराना ही निदान है, जिसे सर्वोच्च न्यायालय के फैसले के आलोक में बजट का प्रावधान करते हुए सम्पादित किया जा सकता है।

ग्राम सभा

स्थानीय स्वशासन एवं पंचायती राज अधिनियम के समुचित अनुपालन के लिए, प्रत्येक सप्ताह एक निर्धारित स्थल पर एवं निर्धारित समय पर बैठक बुलायी जा सकती है, जिससे बैठक में सभी विभाग की जानकारी एवं समीक्षा संभव हो पाएगी। इसे सुदृढ़ करने के लिए प्रत्येक परिवार के एक प्रतिनिधि को ग्रामसभा में अवश्य उपस्थित होना चाहिए।

10

खेल

कहा जाता है कि स्वास्थ्य ही सम्पत्ति है और स्वास्थ्य की कुंजी खेल है। अर्थात् जो खेलते है, शारीरिक मेहनत करते हैं, उनका स्वास्थ्य अच्छा रहता है; तो वे और कोई भी कार्य कर सकते हैं। कुछ स्वाभाविक रूचि भी हैं, जो लोगो को खेल की और आकर्षित करता है। सारे बच्चे गणित, विज्ञान, समाजशास्त्र आदि में अव्वल नहीं होते, उनमें ऐसे लोग भी होते हैं, जो औपचारिक शिक्षा में तो सफल नही हो पाते परन्तु खेल मे अपनी प्रतिभा साबित करते हैं। तब बात आती है, साधन-संसाधन की। तब बात आती है उपलब्ध भौतिक संसाधन की। मानव संसाधन की। खिलाड़ी बनने को कोई इच्छुक है, तो उसे समुचित प्रशिक्षक की आवश्यकता होती है। खिलाड़ी और प्रशिक्षक मिल गये, तो उन्हें स्थल और खेल सामग्री की आवश्यकता होती है। जब सब कुछ उपलब्ध है, परन्तु किसी चीज का समुचित उपयोग नही हो पा रहा हैं, तो उसका कारण हो सकता है-सही खेल पॉलिसी का अभाव। सरकार के द्वारा दिए जाने वाले प्रोत्साहन का अभाव। अर्थात् खेल में छिपी हुए प्रतिभा को निकालने, निखारने और उसे उचित मंच पर पहुंचाने के लिए एक समुचित खेल पॉलिसी की आवश्यकता हैं, ताकि शिक्षा के समान खेल को भी बढावा मिल सके।

खेल में मानव संसाधन

खेल में मानव संसाधन का झुकाव एवं उसका प्रशिक्षण महत्त्वपूर्ण पहलू है। खेल में रूझान ज्ञात होने के पश्चात् प्रशिक्षण की समुचित व्यवस्था के अभाव में खेल प्रतिभा दमित हो जाती है और ओलम्पिक में जाने के वक्त गोल्ड मेडल लाने हेतु खिलाडी ढूंढा जाता हैं। क्या कोई ऐसी व्यवस्था बन सकती है, जिससे बचपन से ही खेल को निखारा जा सके? क्या कोई ऐसी व्यवस्था हो सकती है कि एक खिलाड़ी का खेल-कार्यकाल समाप्त होने पर उसे नौकरी मिल सके और उसे जीवन जीने की चिन्ता न सताए?

झारखंड खेल प्राधिकरण का गठन रांची में दिनांक 20 मई 2004 को हुआ था। इसका मुख्य उद्देश्य राज्य में खेल गतिविधियों को बढ़ावा देना और 34वें राष्ट्रीय खेलों 2011 के लिए बनाए गए खेल के बुनियादी ढांचे को बनाए रखना है तथा खेल को एक आकर्षक और व्यवहार्य करियर विकल्प के रूप में स्थापित करना भी है। झारखंड स्टेट स्पोर्ट्स प्रमोशन सोसायटी (जेएसएसपीएस) का गठन 1 जुलाई 2016 को हुआ था। इसका मुख्य उद्देश्य राज्य में खेलकूद को बढ़ावा देना और खेल प्रतिभाओं को तराशना है। यह सोसाइटी खेल के बुनियादी ढांचे को विकसित करने, खेल प्रतियोगिताओं का आयोजन करने और खेल से जुड़े लोगों को प्रशिक्षण प्रदान करने का काम करती है।

झारखंड खिलाड़ियों की उपलब्धियों को प्रोत्साहित करने और उन्हें मान्यता देने के लिए कई खेल पुरस्कार और योजनाएं प्रदान करता है जैसे-झारखंड खेल उत्कृष्टता नकद पुरस्कार योजना, झारखंड स्पोर्ट्सपर्सन पेंशन स्कीम। झारखंड खेल उत्कृष्टता नकद पुरस्कार योजना राष्ट्रीय और अंतर्राष्ट्रीय प्रतियोगिताओं में पदक जीतने पर नकद पुरस्कार प्रदान करती है और झारखंड स्पोर्ट्स पर्सन पेंशन स्कीम सेवानिवृत्त एथलीटों को वित्तीय सहायता प्रदान करती है।

कुछ लोग कहते है कि मनुष्य समाज में पलता-बढता है। विद्यालय जाने से पहले ही एक दूसरे के साथ खेलने की आदत लग जाती है। पठन-पाठन तो बाद में होश आने के बाद ही संभव हो पाता हैं, उससे पहले ही खेलना प्रारम्भ हो जाता है। उनकी खेल के प्रति रूझान झलकने लगती हैं। परन्तु लोग कहते थे "पढोगे लिखोगे बनोगे नवाब, खेलोगे कूदोगे बनोगे खराब"। बस इसी विचार से खेल को दबाना प्रारम्भ कर दिया जाता हैं।

कुछ लोग कहते है कि एक साथ उठने बैठने के लिए खेल कभी महत्त्वपूर्ण साधन हुआ करता था। लोग तीरंदाजी, खोखो, कबड्डी, लुक्का-छिप्पी, दंगल आदि खेला करते थे। यह जीवन की एक शैली हुआ करती थी। यह लोगो में एकता-भाईचारा बढाने के लिए हुआ करता था। इसमें आस-पास के सभी लोग की भागीदारी होती थी। खेती-बारी से निपट कर समय का उपयोग करने के लिए लोग खेल में लग जाते थे। आपसी भाईचारा बना रहता था। इसमें न तो कोई जाति भेद-भाव था और न ही कोई पंथ-भेद। जीने के लिए एक मस्ती का साधन था खेल।

कुछ लोग यह मानते है कि धीरे-धीरे समाज की जटिलता बढ़ती गई। लोग जैसे-जैसे दूर होने लगे खेल के प्रति रूझान भी घटने लगा। तब प्रतियोगिता की आवश्यकता उतनी नही थी। लोग स्वतः खेलते थे और प्रतियोगिता का आयोजन बड़ा सम्मेलन आयोजन करने के लिए किया जाता था। आज लोगो के पास समय का घोर अभाव हो गया हैं। आपस में इतनी प्रतियोगिता हो गई है कि उसके लिए विशेष तैयारी की आवश्यकता पड़ती है। विशेष प्रशिक्षक की आवश्यकता पड़ती है। उसके अभाव में खेल की बारीकियों को स्वतः सीखाना मुश्किल सा जान पड़ता है।

कुछ लोग यह भी मानते है कि आज के पेशेवर काल में आगे बढने की होड़ लगी है। उसका नतीजा है कि लोग आगे तो बढते हैं, परन्तु असफल होने पर बेरोजगार हो जाते है। एक उम्र के बाद कोई काम

के नही रह पाते। न कोई सरकारी काम मिल पाता है और न ही कोई व्यक्तिगत। वह तो अपनी जवानी खेलो को समर्पित कर दिया होता है। जब पीछे मुडकर देखता है तो सिर्फ पछतावा होता है।

बच्चों की नैसर्गिक खेल प्रतिभा को बचपन से पहचानने और उसे निखारने की आवश्यकता है, ताकि औपाचारिक शिक्षा में अव्वल न होने पर भी उसे उचित मुकाम हासिल हो सके। इसके लिए खेल को औपचारिक शिक्षा पद्धति से जोड़कर 'खेल का एक विषय' विभिन्न कक्षाओं में जोड़ा जाना चाहिए और उस खेल के विषय में वार्षिक परीक्षा के परिणाम पत्र में अंक दर्ज करते हुए कक्षा में प्रोन्नति दिया जाना चाहिए तथा उसमे अव्वल आने वाले विद्यार्थियों को पुरस्कृत भी किया जाना चाहिए।

खेल को औपचारिक शिक्षा पद्धति से जोड़कर 'खेल का एक विषय' विभिन्न कक्षाओं में जोड़ते हुए वार्षिक परीक्षा के परिणाम पत्र पर उसके अंक दर्ज कर कक्षा में प्रोन्नति दिया जा सकता है।

इसके अतिरिक्त, प्राथमिक विद्यालय, मध्य विद्यालय, उच्च विद्यालय, इन्टर कॉलेज, ग्रेजुएशन कॉलेज स्तर पर खेल विभाग हो तथा प्रत्येक विद्यालय एवं महाविद्यालय में खेल का विभागाध्यक्ष हो। खेल विभाग के अन्तर्गत प्रत्येक महत्वपूर्ण खेल के प्रशिक्षक हो और औपचारिक शिक्षा के साथ-साथ खेल की भी परीक्षा हो तथा बच्चों के खेल में अभिरूचि के अनुसार औपचारिक शिक्षा के साथ-साथ खेल को प्राथमिकता दी जाए। जब बच्चे खेल में अच्छा करने लगें, तो उन्हें औपचारिक शिक्षा की तरह खेल परीक्षा लेकर कक्षा में प्रोन्नति की व्यवस्था भी हो। यदि कोई खिलाडी उच्च विद्यालय में खेल के अभ्यर्थी है तो उन्हे इन्टर और ग्रेजुएट लेवल में प्रवेश देकर खेल में इन्टर और ग्रेजुएट का डिग्री मिलना चाहिए।

यदि कोई खिलाडी उच्च विद्यालय में खेल के अभ्यर्थी है तो इन्टर और ग्रेजुएट लेवल में प्रवेश देकर खेल में उन्हे इन्टर और ग्रेजुएट का डिग्री दिया जा सकता है।

खिलाड़ियों के लिए सबसे महत्वपूर्ण है जॉब सिक्यूरिटी। प्रत्येक स्तर पर खेल विभाग रहने पर खेल शिक्षको एवं प्रशिक्षकों के लिए ढेर सारे जॉब सृजित होंगे। उन जॉब में अपना स्थान सुनिश्चित करने हेतु खेल-प्रतिभा अपने खेल में ध्यान देगें, जिससे स्वतः राष्ट्रीय और अंतराष्ट्रीय स्तर पर प्रतिभाएं निखरेंगी।

खेल शिक्षको एवं प्रशिक्षकों के लिए पद सृजित होने पर खिलाड़ियों का जॉब सिक्योरिटी हो सकता है।

खेल के भौतिक संसाधन

जब भी खेल को बढावा देने की बात होती है तब भौतिक संसाधन में स्टेडियम बनाने की बात होती है। प्रखंड स्तरीय स्टेडियम बन भी जाते हैं, परन्तु उसके रख-रखाव के अभाव में उसका समुचित उपयोग नहीं हो पाता हैं। क्या उसके रख-रखाव हेतु खिलाडियों की टीम बना कर पंचायत प्रतिनिधियों को सौपने की आवश्यकता है? खेल किट एक महत्वपूर्ण भौतिक संसाधन हो सकते है यह खिलाड़ियों के पास कैसे पहुंचे?

कुछ लोग कहते है कि यह एक दुर्भाग्यपूर्ण बात है कि सरकार के द्वारा मुहैया कराए गए बहुत सारे संसाधन देख-रेख और रख-रखाव के अभाव में बर्बाद हो रहे हैं। गांव में खेलने के लिए स्टेडियम तो बनाए गए हैं, परन्तु एजेंसी के द्वारा हेण्डओवर नही होने के कारण कोई खेल का आयोजन नही हो पाता है। कुछ लोग कहते है कि बहुत सारे सामुदायिक भवन उपयोग में नही हैं, जिसे इन्डोर गेम के लिए उपयोग किया जाता, तो बहुत अच्छा होता।

कुछ लोग मानते है कि समस्या यह भी हैं कि खेल के संसाधन का अभाव सर्वदा दिखाई पड़ता हैं। खिलाडी खेलना चाहते हैं, पर खेल-किट के अभाव में वे नही खेल पाते हैं।

कुछ लोग यह भी मानते है कि खिलाडियों के समुचित खान-पान के अभाव में भी खेल विकसित नही हो पाता है। खिलाडियों को अतिरिक्त पौष्टिक आहार की आवश्यकता होती हैं। किशोरी महिलाओं के लिए अतिरिक्त पौष्टिक आहार तो आंगनबाडी से मिल जाता हैं। परन्तु पुरूषो के लिए ऐसी कोई व्यवस्था नही हैं। खासकर खिलाडियों के लिए इसकी व्यवस्था तो अवश्य होनी चाहिए।

झारखण्ड **राज्य में** 260 प्रखंड एवं 4345 पंचायत हैं। राज्य सरकार द्वारा खेल और युवा मामलों के विभाग के तहत, सभी प्रखंडों में स्टेडियम बनाने की योजना है, परन्तु इसकी आवश्यकता पंचायत स्तर पर भी है। पंचायत स्तर पर ऑउटडोर स्टेडियम आवश्यक रूप से हों और इनडोर स्टेडियम के रूप में खेल भवन का निर्माण हो। अर्थात् ऑउटडोर और इनडोर स्टेडियम का निर्माण पंचायत स्तर पर कर विद्यालय और महाविद्यालय के खेल विभागाध्यक्ष को सौपा जाना चाहिए। पंचायत क्षेत्र में एक से अधिक विद्यालय होने पर उनके खेल विभागाध्यक्षों की प्रबंधन समिति बना कर उसे सुपुर्द किया जाना चाहिए।

पंचायत स्तर पर ऑउटडोर स्टेडियम आवश्यक रूप से हों और इनडोर स्टेडियम के रूप में खेल भवन का निर्माण हो।

इसे वृहद स्तर पर इनडोर स्टेडियम को ले जाने से पहले गांव में पूर्व से उपलब्ध सामुदायिक भवन में जिम या टेबल टेनिस आदि जैसे इनडोर गेम की व्यवस्था की जा सकती है एवं पूर्व से मौजूद तालाब और पोखर आदि को स्वीमिंग पुल और उपलब्ध मैदान, पार्क आदि में साइकलिंग ट्रेक की व्यवस्था की जा सकती हैं।

गांव में पूर्व से उपलब्ध सामुदायिक भवन में जिम या टेबल टेनिस आदि जैसे इनडोर गेम और पूर्व से उपलब्ध मैदान, पार्क आदि में साइकलिंग ट्रेक की व्यवस्था की जा सकती हैं।

इसके अलावा, मुख्यधारा से हटकर वैकल्पिक खेल पद्धति के रूप में साईकलिंग, जिमनास्टिक, स्केटिंग जैसे अन्तराष्ट्रीय खेलों को बढावा दिया जाना चाहिए, जो कि शारीरिक रूप् से व्यक्ति को दुरूस्त तो करें ही साथ ही साथ अन्तराष्ट्रीय खेलो की तैयारी करने में भी मदद करें।

वैकल्पिक खेल पद्धति के रूप में साईकलिंग, जिमनास्टिक, स्केटिंग जैसे अन्तराष्ट्रीय खेलों को बढावा दिया जा सकता है।

खेल नीति

वर्त्तमान में ग्राम स्तर से खिलाडियों को सीमित संख्या में पहचान कर ओलंपिक जैसी महत्वपूर्ण प्रतियोगिता की तैयारी हेतु जुटाया जाता है। नैसर्गिक प्रतिभा को पहचानने, उनके फलने-फूलने की व्यवस्था करने और तब उन्हें राष्ट्रीय और अंतराष्ट्रीय मंच तक ले जाने की व्यवस्था हेतु खेल **नीति** कैसी हों?

कुछ लोग कहते है कि सरकार की खेल पॅालिसी सटीक होने का तब पता चलता हैं, जब गांव में स्वतः प्रतिभा उभरने लगती है और राष्ट्रीय तथा अंतराष्ट्रीय मंच मे अपना जलवा बिखेरने लगती हैं। परन्तु ऐसा मुश्किल से दिखाई पडता है।

कुछ लोग कहते है कि अखबार और पत्रिका पढने से पता चलता है कि ओलम्पिक की तैयारी हेतु ग्राम से चयन की प्रक्रिया प्रारम्भ की गई है, परन्तु यह कब और कैसे होता है पता नही चलता।

कुछ लोग कहते है कि हम अपने देश मे ही ओलम्पिक जैसा अंतराष्ट्रीय मंच नही बना पाते है जहां पर देश-विदेश की प्रतिभा हमारी राष्ट्र या राज्य में विकसित खेलों में अपनी प्रतिभा दिखा सके।

अगर राज्य की खेल पोलिसी अच्छी होगी, तो सभी प्रतिभावान खिलाडी को आगे बढने का मौका मिलेगा; नहीं तो गांव में ही प्रतिभा दमित होकर रह जाएगी।

खेल नीति एक ऐसा सरकारी या संगठनात्मक ढाँचा होता है जो देश या क्षेत्र में खेल और शारीरिक गतिविधियों को बढ़ावा देने, खिलाड़ियों के विकास, खेल बुनियादी ढाँचे के निर्माण, और खेल को एक आंदोलन बनाने के लिए बनाई जाती है, जिसमें जमीनी स्तर से लेकर शीर्ष स्तर तक सभी को शामिल किया जाता है। इसके अन्तर्गत खेल विद्यालय का निर्माण, खेल कॉलेज का निर्माण और खेल युनिवर्सिटी का निर्माण होना चाहिए। इन संस्थानों को अवासीय और डे स्कॉलर के रूप में तैयार कर पौष्टिक आहार के साथ-साथ राष्ट्रीय-अंतराष्ट्रीय प्रशिक्षक को विशेष सदस्य के रूप में आमंत्रित कर खिलाड़ियों को प्रशिक्षण दिलाया जाना चाहिए।

खेल विद्यालय, खेल कॉलेज और खेल युनिवर्सिटी जैसे संस्थानों को अवासीय और डे स्कॉलर के रूप में तैयार कर पौष्टिक आहार के साथ-साथ राष्ट्रीय-अंतराष्ट्रीय स्तर का प्रशिक्षण दिलाया जा सकता है।

साईकिल सस्ते दर में प्राप्त हो तथा उसे चलाने के लिए विशेष ट्रैक का निर्माण सड़को पर किया जाए। इसकी शुरूआत विशेषकर कल कारखाने आदि क्षेत्रों में आवश्यक कर दिया जाना चाहिए। विद्यालय में सभी बच्चों के लिए साईकिल रियायति दर पर मिलना चाहिए जिसके लिए जन वितरण साईकिल दुकान और जन वितरण खेल किट दुकान खुलना चाहिए।

विद्यालय में सभी बच्चों के लिए रियायति दर पर साईकिल सहित खेल किट का जन वितरण दुकान खोला जा सकता है।

तैराकी स्वास्थ्य के लिए एक परिपूर्ण व्यायाम माना जाता हैं। इसे बढावा देने के लिए पूर्व निर्मित पोखरो को विशेषज्ञो की देखरेख में स्वीमिंग पूल का रूप दिया जाना चाहिए तथा युवा वर्ग को स्वास्थ्य के प्रति जागरूक करने के लिए प्रत्येक गांव मे जिम, टेबल टेनिस आदि इनडोर गेम की व्यवस्था होनी चाहिए तथा स्वास्थ्य के प्रति जागरुकता के लिए जागरुकता कार्यक्रम चलाना चाहिए।

युवा वर्ग को स्वास्थ्य के प्रति जागरूक करने के लिए प्रत्येक गांव मे जिम की व्यवस्था किया जा सकता है।

राज्य स्तरीय सभी पुराने और विलुप्त होते जा रहे पारम्परिक खेल यथा गुल्ली डंडा, कुश्ती, दंगल, कित-कित, सेकोर, काटी, मुर्गा लड़ाई आदि खेल को भी बढावा देने की व्यवस्था होनी चाहिए। सेकोर एक पारंपरिक आदिवासी खेल है, जो हो जनजाति के द्वारा बारिश के मौसम में खेला जाता है। काटी एक पारंपरिक खेल है जो संथाल जनजाति द्वारा फसल कटाई के बाद खेला जाता है एवं मुर्गा लड़ाई भी एक लोकप्रिय पारंपरिक खेल हैस जिसे संथाल, मुंडा, उरांव, हो, भूमिज जैसी जनजातियां खेलती हैं। ऐसे पारंपरिक खेलों को बढ़ावा देने हेतु भी प्रतिस्पर्धा आयोजित किया जाना चाहिए, ताकि हम अपनी लुप्त होती पुरानी खेल संस्कृति को पुर्नजीवित कर सकें।

राज्य स्तरीय सभी पुराने और विलुप्त होते जा रहे पारम्परिक खेलों को बढ़ावा देने हेतु प्रतिस्पर्धा आयोजित कर अपनी खेल संस्कृति को पुर्नजीवित किया जा सकता है।

संक्षेप में

खेल में मानव संसाधन

खिलाड़ी का खेल में रूझान, खेल का प्रशिक्षण, खेल प्रतिस्पर्धा, खेल के दौरान आमदनी और खेल-कार्यकाल के उपरान्त जीवन यापन की समस्या करने के लिए औपचारिक शिक्षा पद्धति के तर्ज पर 'खेल का एक विषय' कक्षाओं में जोड़ा जाना चाहिए और उस खेल के विषय में अव्वल आने वाले विद्यार्थियों को पुरस्कृत किया जाना चाहिए। विद्यालय स्तर पर खेल विभाग होने से खिलाड़ियों को स्वतः जॉब प्राप्त होगा और जॉब सिक्यूरिटी प्राप्त होगी। साथ ही, गैर सरकारी संस्थानों में भी खिलाड़ियों के लिए जॉब सृजन करने की बाध्यता सुनिश्चित की जानी चाहिए।

खेल के भौतिक संसाधन

स्टेडियम निर्माण, उसका रख-रखाव, खिलाड़ियों का खान-पान और पौष्टिक आहार, खेल किट आदि की समुचित व्यवस्था के लिए आवश्यक है कि पंचायत स्तर के आउटडोर और इनडोर स्टेडियम को विद्यालय और महाविद्यालय के खेल विभागाध्यक्ष को प्रबंधन हेतु सौप दिया जाना चाहिए। पंचायत क्षेत्र में एक से अधिक विद्यालय होने पर उनके खेल विभागाध्यक्षों की प्रबंधन समिति बनाकर उसे सुपुर्द किया जाना चाहिए।

खेल नीति

खेल नीति के अन्तर्गत खेल विद्यालय का निर्माण, खेल कॉलेज का निर्माण और खेल युनिवर्सिटी का निर्माण होना चाहिए। इन संस्थानों को अवासीय और डे स्कॉलर के रूप में तैयार कर पौष्टिक आहार के साथ-साथ राष्ट्रीय-अंतराष्ट्रीय प्रशिक्षक को विशेष आमंत्रित सदस्य के रूप

में आमंत्रित कर खिलाड़ियों को प्रशिक्षण दिलाया जाना चाहिए। राज्य स्तरीय सभी पुराने और विलुप्त होते जा रहे पारम्परिक खेल यथा गुल्ली डंडा, कुश्ती, दंगल, कित-कित, सेकोर, काटी, मुर्गा लड़ाई आदि खेल को भी बढावा देने की व्यवस्था होनी चाहिए।

11

स्थानीय अर्थव्यवस्था

गांधी जी की स्थानीय अर्थव्यवस्था का मुख्य जोर आत्मनिर्भरता, विकेंद्रीकरण, और कुटीर उद्योगों पर था। उनका मानना था कि एक मजबूत स्थानीय अर्थव्यवस्था देश की रीढ़ होती है, जिसमें ग्रामीण क्षेत्र फलते-फूलते हैं। ग्रामों की ऐसी अर्थव्यवस्था जहां पर युवा वर्ग को स्वरोजगार एवं व्यवसाय से जोड़ते हुए प्रत्येक ग्राम की स्वपूर्ति हो। ग्रामों की स्वपूर्ति अर्थात् वैसी अर्थव्यवस्था जो ग्राम स्तर पर मूलतः अपने ही संसाधन पर आश्रित हो। जीने की सारी आवश्यकताओं की पूर्ति बगैर किसी दूसरे पर आश्रित हुए पूरा हो।

इसके लिए बैंकिंग व्यवस्था महत्वपूर्ण मानी जा सकती है। बैंकिंग व्यवस्था मजबूत हो, नवयुवको को, प्रथम पूंजी प्राप्त होने में सुविधा हो, तो वे व्यवसाय खड़ा कर सकते हैं, वैसा व्यवसाय जो समाज की आवश्यकताओं को पूरा करे। इन आवश्यकताओं का आकलन कर विस्तृत प्रोजेक्ट प्रतिवेदन के साथ बैंकिग व्यवस्था का लाभ युवावर्ग ले तथा सरल बैंकिग व्यवस्था गांव में मुहैया हो, तो प्रथम पूंजी का झंझट कम हो सकता है।

प्रथम पूंजी की आवश्यकता आपसी सहयोग से भी पूरी हो सकती है। यदि दस व्यक्ति दस-दस हजार व्यवस्था करें और उससे व्यवसाय

प्रारम्भ करें तो सहकारिता की असल मिसाल कायम हो सकती है। सहकारिता व्यवस्था सुदृढ़ और मजबूत होने से कोई भी व्यक्ति खाली नहीं बैठ सकता और सबके हाथ में काम प्राप्त हो सकता है।

लेकिन, कौन सा व्यवसाय प्रारम्भ करें-इस बिन्द पर बात फंसती है। परम्परागत व्यवसाय इसमें बहुत महत्वपूर्ण आइडिया देते हैं। परम्परागत व्यवसाय में जुड़ने एवं जुड़ कर कार्य प्रारम्भ करने में बहुत ज्यादा प्रशिक्षण की आवश्यकता नहीं होती, चूंकि वे अपने माता, पिता एवं परिवार के अन्य सदस्यों को देखते हुए बड़े होते हैं।

ग्रामों की स्वपूर्ति

आज गांव शहर की ओर अग्रसर हैं। बहुत कम ऐसे गांव हैं जो अपनी आवश्यकताओं की स्वपूर्ति कर पाते है। आम तौर पर जीने के सारे संसाधन की स्वपूर्ति वगैर शहर गए नही हो पाती है जैसे साईकिल दुकान, बाईक मरम्मति, परचून, होजियरी, मोबाईल मरम्मति, स्टेशनरी, फोटो कॉपी, कम्प्युटर टाईपिंग, बीज, खाद, मिट्टी जांच, हार्डवेयर, स्टोरेज, ट्रांसपोर्ट के साधन आदि। इन महत्वपूर्ण संसाधनों की स्वपूर्ति आसानी से हो सकती है, जिसके लिए युवावर्ग को स्वरोजगार एवं व्यवसाय में लगाने हेतु प्रशिक्षण की आवश्यकता पड़ सकती है। हमारे पास ऐसी कौन सी व्यवस्था होनी चाहिए जिससे युवा वर्ग को स्वरोजगार एवं व्यवसाय से जोडते हुए प्रत्येक ग्राम की स्वपूर्ति हो?

कुछ लोगों का मानना है कि दैनिक जीवन की आवश्यकताओं की प्रतिपूर्ति एक गांव का अपने ही गांव में होना अति आवश्यक है। साईकिल, मोटर-साईकिल आदि खराब हो गई हो, तो उसे बनाने के लिए किसी को शहर जाना पड़े तो यह उचित नही है।

कुछ लोग कहते है कि रोजमर्रा के खाने की वस्तुएं, पहनने की वस्तुएं, उपयोग की वस्तुएं आदि स्थानीय स्तर पर प्राप्त होना आवश्यक है। आजकल मोबाईल घर-घर में हो गया है तो वह खराब भी होता है,

शहर में जाकर बनवाने में काफी महंगा पड़ता है, जितना मोबाईल का दाम नहीं होता, उतना मरम्मति में खर्च लग जाता है, इसलिए गांव में ही मोबाईल मरम्मति की दुकान होना अति आवश्यक है।

कुछ लोग का मानना है कि अधिकांश गांव कृषि पर आश्रित होने के कारण, उसे बढावा मिलना अति आवश्यक है। बीज, खाद, मिट्टी जांच आदि खेती के लिए महत्वपूर्ण हैं। खेती की तैयारी में पड़ने वाली आवश्यक वस्तुओं की प्रतिपूर्ति तुरन्त होनी चाहिए, जब फसल लगाने की बाद उसकी देखभाल की आवश्यकता हो जिसके लिए कीटनाशक, पटवन आदि की सम्पूर्ण व्यवस्था होनी चाहिए।

कुछ लोग कहते हैं कि उत्पादन होने के पश्चात बहुत सारी ऐसी वस्तुएं होती हैं, जिन्हे यदि तुरन्त मार्केट में ले जाएं, तो कोई मोल नही मिलती, लेकिन यदि कुछ समय रखने के बाद बाजार ले जाएं, तो उसकी अच्छी कीमत मिल जाती है, अतः अच्छी दर पाने की लिहाज से कोल्ड स्टोरेज की आवश्यकता बहुत जरूरी हो जाती है।

सामान्य सेवा केंद्र का उद्देश्य ग्रामीण और दूरदराज के क्षेत्रों में नागरिकों को विभिन्न सरकारी और गैर-सरकारी सेवाएं प्रदान करना है। ये केंद्र डिजिटल सशक्तिकरण का एक महत्वपूर्ण साधन हैं। ग्रामों की स्वपूर्ति के लिए सामान्य सेवा केन्द्र को और विकसित करने की आवश्यकता है; जहां पर युवा वर्ग यह जान सके कि कौन से व्यवसाय में प्रवेश कर अधिक से अधिक सफल हो सकते हैं। व्यवसाय से संबंधित स्थापना से लेकर उत्पाद एवं मार्केटिंग तक की सारी जानकारी इसी केन्द्र से मिल सके।

सामान्य सेवा केंद्र से व्यवसाय से संबंधित स्थापना से लेकर
उत्पाद एवं मार्केटिंग तक की सारी जानकारी दी जा सकती है।

जो व्यक्ति या परिवार गांव से शहर जा चुके हैं, उन्हे वापस लाने के लिए प्रोत्साहन करने की आवश्यकता है। साथ ही, जो बाहर जा

चुके हैं, यदि वे गांव वापस आते हैं और अपने गांव मे निवेश करना चाहते हैं, तो उन्हें नॉन रेजिडेंट झारखण्ड (एन0आर0जे0) का दर्जा देते हुए एकल खिड़की व्यवस्था तैयार कर निवेश करने का मौका मिलना चाहिए, ताकि वे अपने गांव के विकास में भागीदारी कर गर्व कर सके।

जो झारखण्ड से बाहर जा चुके हैं और राज्य मे निवेश करना चाहते हैं, तो उन्हें नॉन रेजिडेंट झारखण्ड (एन0आर0जे0) का दर्जा देते हुए एकल खिड़की व्यवस्था कर निवेश को बढ़ावा दिया जा सकता है।

झारखण्ड के बहुत सारे गांव कृषि पर आधारित हैं। झारखण्ड खनिज बहुल होने के कारण खनिज और उसके उत्पादन को प्राथमिकता तो मिल जाती है, पर कृषि पीछे रह जाता है। इसके लिए कृषि का औद्योगिकरण करने की भी आवश्यकता है। कृषि का औद्योगीकरण एक ऐसी प्रणाली है, जिसमें कृषि उत्पादन को बढ़ाने के लिए मशीनों, रसायनों और अन्य औद्योगिक तकनीकों का उपयोग किया जाता है, ताकि नई-नई तकनीक कृषि में प्रवेश कर सके और इसके माध्यम से ग्रामों की स्वपूर्ति में सुबिधा हो सके।

कृषि का औद्योगिकरण कर कृषि के उत्पादन बढ़ाने के लिए मशीनों, रसायनों और अन्य औद्योगिक तकनीकों का उपयोग किया जा सकता है।

ऐसी व्यवस्था जिसे करने में विलम्ब हो सकती है, उसे चलन्त व्यवस्था बनाया जा सकता है। जैसे बैंक का ए.टी.एम. प्रत्येक गांव मे उपलब्ध नही है और तत्काल इसकी सम्भावना दिखाई नही पडती हो, तो चलन्त ए.टी.एम. की व्यवस्था की जा सकती है। उसी प्रकार, मिट्टी जांच के लिए चलन्त मिट्टी जांच केन्द्र की व्यवस्था की जा सकती है।

प्रत्येक गांव मे बैंक उपलब्ध नही होने की स्थिति में चलन्त ए.टी. एम. की व्यवस्था की जा सकती है।

स्थानीय बैंकिग व्यवस्था

आम आदमी साधारणतः बैंक के नियम से अवगत नहीं होते है। कई बैंको के द्वारा आर0बी0आई का हवाला दे कर कई स्व निर्मित नियम जन साधारण को प्रस्तुत कर गुमराह कर दिया जाता है, जिससे सरकार की महत्वकांक्षी योजनाएं धरती पर नहीं उतर पाती हैं, जैसे-के0सी0सी0 पर भू-स्वामित्व प्रमाण पत्र पर जोर देना, मुद्रा योजना पर सिक्यूरिटी पर जोर देना आदि। जबकि, उसके लिए हवाला दिया जाता है-राशि वापस नहीं होने का। परन्तु यह नही सिखाया जाता है कि राशि कैसे बचत की जाए एवं उसकी वापसी कैसे हो? इस दिशा में कैसे सुधार लाया जा सकता है?

कुछ लोग मानते हैं कि गांव के लोग अभी भी बैंक जाने के आदि नहीं हुए हैं। इसका कारण यह है कि प्रत्येक गांव में बैंक नहीं हैं और जहां बैंक हैं भी तो वहां मित्रवत बैंकिंग व्यवस्था नहीं है, जिससे किसानों को प्राथमिकता नहीं मिल पाती है।

कुछ लोगों का मानना है कि बैंकिंग व्यवहार विकसित करने के लिए सार्थक प्रयास नहीं किया जाता है। बैंक में कागजी प्रक्रिया बहुत होती है, लोग कम पढे-लिखे होने के कारण अपना काम स्वयं नही कर पाते और मदद करने के लिए सरकारी व्यवस्था नहीं रहने के कारण वह प्राईवेट मदद लेते है, जो ठगी का कारण बनता है।

कुछ लोग बताते है कि कई बार बैंक आने पर लिंक फेल होने एवं कभी आर0बी0आई का हवाला देकर काम नही किया जाता है। इससे तुरन्त पैसा जमा नहीं होता है, तो काफी निराशा भी हाथ लगती है और

लगता है कि पैसा अपने पास ही रख लेते, इतना समय बर्बाद करने से क्या लाभ।

कुछ लोग का मानना है कि बैंक से कर्ज लेना लाभदायक तो होता है, पर इसे चुकता नहीं करने पर उनके खिलाफ कार्रवाई की जाती है। कई बार अच्छी फसल नहीं होने के कारण बैंक से लिया गया पैसा चुका नहीं पाते हैं और इससे मूल से ज्यादा सूद ही हो जाता है, इसलिए जब तक सरकार ऋण माफ करने की घोषणा नहीं करती है, तब तक उससे राहत नहीं मिल पाती है।

झारखण्ड ग्रामीण बैंक, क्षेत्रीय ग्रामीण बैंक अधिनियम-1976 के अंतर्गत स्थापित एक अनुसूचित बैंक है, जिसका उद्देश्य मुख्य रूप से ग्रामीण एवं कृषि से संबंधित विकास में सहयोग देना है। किसी भी गांव की स्थानीय अर्थव्यवस्था के लिए ग्रामवार बैंकिंग व्यवस्था अर्थात् ग्रामीण बैंक को सुदृढ करने की आवश्यकता होती है। इसे ग्रामीण क्षेत्र मे सफल करने के लिए बैंक में एकल सहायता खिड़की का होना अति आवश्यक है, जिससे बैंकिंग तकनीक को बताते हुए फार्म आदि भरने में किसानों की मदद की जा सके। बैंकिंग व्यवहार विकसित करने के लिए ग्राम चौपाल, नुक्कड़ नाटक आदि के माध्यम से बैंकिंग व्यवस्था एवं इसके कारोबार को सरलता पूर्वक ग्रामीणों को समझाया जा सकता है। इसी प्रचार-प्रसार के दौरान आर.बी.आई. गाइड लाइन से भी अवगत कराया जा सकता है।

ग्रामवार बैंकिंग व्यवस्था को सुदृढ करने के लिए बैंको में एकल सहायता खिड़की का व्यवस्था कर बैंकिंग व्यवहार विकसित कर किसानों को प्रेरित किया जा सकता है।

ऋण बीमा एक वित्तीय सुरक्षा है, जो उधारकर्ताओं को जीवन में अचानक होने वाली घटनाओं जैसे मृत्यु, विकलांगता या रोजगार के नुकसान से सुरक्षा प्रदान करती है। यदि उधारकर्ता ऐसी किसी घटना

के कारण ऋण चुकाने में असमर्थ होता है, तो पॉलिसी बकाया राशि का भुगतान करती है और परिवार ऋण चुकाने के लिए जिम्मेदार नहीं होता है। ऋण को प्रभावशाली बनाने के लिए प्रत्येक छोटे-बडे ऋण को बीमा से जोड़ने की आवश्यकता है।

ऋण को प्रभावशाली बनाने के लिए प्रत्येक छोटे-बडे ऋण को बीमा से जोड़ा जा सकता है।

सहकारिता

सहकारिता का अर्थ है एक साथ मिलकर काम करना या आपसी सहयोग। यह एक ऐसी व्यवस्था है, जिसमें व्यक्ति स्वेच्छा से एक साथ आते हैं और अपने सामान्य आर्थिक, सामाजिक, या सांस्कृतिक लक्ष्यों को प्राप्त करने के लिए काम करते हैं। सहकारिता के माध्यम से कम पूंजी से भी अपना व्यवसाय प्रारम्भ किया जा सकता है चूंकि सभी युवा वर्ग को स्वरोजगार एवं व्यवसाय से जोड़ना आसान नहीं है। सहकारिता को पुनः आंदोलन का रूप देने की दिशा में क्या किया जा सकता है?

सहकारिता एक ऐसी प्रणाली है, जिसमें लोग स्वेच्छा से मिलकर अपनी आवश्यकताओं और आकांक्षाओं को पूरा करने के लिए एक साथ आते हैं। यह एक स्वैच्छिक, स्वायत्त और लोकतांत्रिक संगठन है, जो अपने सदस्यों के आर्थिक, सामाजिक और सांस्कृतिक हितों को बढ़ावा देने के लिए काम करता है।

जैसे अमूल एक डेयरी सहकारी समिति है, जो भारत में दूध और दुग्ध उत्पादों का उत्पादन और विपणन करती है। इफको एक कृषि सहकारी समिति है जो किसानों को उर्वरक एवं अन्य कृषि उत्पादन में उपयोग होने वाले संसाधन की आपूर्ति करती है। भारतीय कॉफी हाउस कॉफी की दुकानों की एक श्रृंखला है, जो श्रमिक सहकारी समितियों द्वारा संचालित हैं। यह न केवल एक कैफे है, बल्कि एक ऐसा स्थान भी है

जहां बुद्धिजीवी, कलाकार और आम लोग मिलते हैं, चर्चा करते हैं और सामाजिक रूप से बातचीत करते हैं।

भारतीय राष्ट्रीय कृषि सहकारी विपणन संघ लिमिटेड (नेफेड) की स्थापना 2 अक्टूबर 1958 को हुई थी। इसका मुख्य उद्देश्य कृषि, बागवानी और वन उपज के विपणन, प्रसंस्करण और भंडारण को व्यवस्थित, प्रोत्साहित और विकसित करना है। यह किसानों को उनकी उपज का उचित मूल्य दिलाने और कृषि क्षेत्र में सहकारी समितियों को बढ़ावा देने में भी मदद करता है।

सहकारी समिति अधिनियम, 1912 सहकारी समितियों के गठन, पंजीकरण, और संचालन से संबंधित नियमों और विनियमों को निर्धारित करता है। इसका मुख्य उद्देश्य सदस्यों के आर्थिक और सामाजिक हितों की रक्षा करना है। यह अधिनियम सहकारी समितियों को कानूनी इकाई के रूप में मान्यता देता है और उनके कामकाज को नियंत्रित करता है।

कुछ लोग का मानना है कि पुराने संयुक्त परिवार के बिखरने से सहकारिता बहुत अधिक प्रभावित हुई है। जो संस्कार संयुक्त परिवार में सिखाए जाते थे, वहीं संस्कार सहकारिता में भी काम आता था। लोग एक दूसरे की आवश्यकता को निस्वार्थ भाव से पूरा करते थें; एक दूसरे की कमियों को पूरा करते थे। उससे किसी की कमी उजागर नहीं होती थी और कार्य सम्पन्न हो जाया करता था। बडे और अनुभवी को तरजीह देने से उनकी मदद सरलता से मिलती थी। प्रजातांत्रिक तरीके से छोटों की राय भी ली जाती थी, परन्तु संयुक्त परिवार के विखरने से इन मूल्यों का ह्रास हुआ है।

कुछ लोग अफसोस जाहिर करते हैं कि सहकारिता को आधार बनाकर गुजरात के आनन्द गांव में राष्ट्रीय स्तर पर दुग्ध आंदोलन ने श्वेत क्रांति का रूप ले लिया है। परन्तु हम सहकारिता से अब तक प्रभावी ढंग से जुड़ नहीं पाये है।

कुछ लोगों का कहना है कि सहकारिता से प्रारंभिक दौर पर छोटे-छोटे व्यवसाय प्रारम्भ किए जा सकते हैं, परन्तु महिला या पुरूष स्वंय सहायता की सहकारिता आधारित असफलता निराश करती है। महिला स्वयं सहायता समूह को जो राशि प्राप्त होती है, उसे भी वे अपने-अपने खाते में बांट लेते हैं और संयुक्त रूप से कोई कार्य प्रारम्भ नहीं करते है।

कुछ लोग बताते है कि कुछ किसान समूह आपस मे एक-दूसरे से राशि लेकर और बैंक की सहायता से कुछ ऋण लेकर सामूहिक रूप से कार्य करना चाहते हैं, परन्तु वहां भी ऋण नही चुकाए जाने का डर सताता रहता हैं।

सहकारिता को सफल बनाने के लिए संयुक्त कार्य के मूल्यों को पुनः विकसित करने की आवश्यकता है। इसके लिए छोटे स्तर पर संयुक्त प्रयास से सफल होकर दिखलाने हेतु मॉडल प्रयास करना होगा। और वैसे-वैसे छोटे-बडे सफल सहकारिता प्रयास के बारे में समूह को क्षेत्र भ्रमण कराते हुए अवगत कराना होगा कि किस प्रकार सामूहिक प्रयास से सफलता प्राप्त होती है।

सहकारिता में संयुक्त कार्य के मूल्यों को पुनः विकसित करने हेतु छोटे स्तर पर संयुक्त प्रयास से सफल होकर दिखलाने वाले का मॉडल तैयार किया जा सकता है।

ऐसे-ऐसे सहकारिता समिति के सफल प्रयास की सूची बनाकर क्षेत्र भ्रमण कार्यक्रम तैयार कर अगल-बगल के गांव में सहकारिता का दीप जलाया जा सकता है। सहकारिता के नियम का प्रचार-प्रसार करने से भी लोग इस मुहिम से जुड सकते है। इसके लिए ग्राम चौपाल में कैम्प लगाकर लोगों को अवगत कराते हुए एक सफलता की कहानी बतानी होगी, तब इस सामाजिक व्यवहार को पुनः बहाल किया जा सकेगा।

सहकारिता समिति के सफल प्रयास की सूची बनाकर क्षेत्र भ्रमण कार्यक्रम तैयार कर अगल-बगल के गांव में सहकारिता का दीप जलाया जा सकता है।

परम्परागत व्यवसाय

परम्परागत व्यवसाय वे व्यवसाय होते हैं, जो लंबे समय से एक समुदाय, परिवार या समाज द्वारा पीढ़ी दर पीढ़ी किए जाते हैं। ये व्यवसाय आधुनिक तकनीक या डिजिटल तरीकों से अलग होते हैं और आमतौर पर स्थानीय संसाधनों, हस्तशिल्प, या पारंपरिक कौशल पर आधारित होते हैं। जैसे कृषि, हस्तशिल्प, बुनाई और कताई, लौह या काष्ठ शिल्प, राज मिस्त्री, आयुर्वेदिक चिकित्सा आदि।

इस प्रकार के परम्परागत व्यवसायी कम होते जा रहे हैं। उन्हे पोषित करने की व्यवस्था सुद्दढ नहीं है; इससे युवा का एक वर्ग भटक रहा है। क्या परम्परागत व्यवसाय को संरक्षित किया जा सकता है?

भारतीय संस्कृति में जातीय व्यवस्था एक शाश्वत सत्य है। इसे कोई भी इन्कार नहीं कर सकता है। भारतीय समाज का ताना-बाना व्यवसाय में परम्परागत रूप में प्रवेश करने के इर्द गिर्द बुना गया है। इस जातीय व्यवस्था को पैतृक न बनने के लिए बहुत सारे आन्दोलन हुए और आज इस हद तक व्यवस्था में बदलाव आ गया है कि कोई भी जाति का व्यक्ति कोई भी व्यवसाय को अपनाकर सफलता की सीढी पर चढ सकता है। परन्तु यह भी सत्य है कि पूर्व से जुडे इस व्यवसाय के लोग आज भी बहुत दयनीय वित्तीय स्थिति में जी रहे हैं, जिनका विकास अतिआवश्यक है। उनके विकास के लिए विशेष व्यवस्था करने की आवश्यकता है।

कुछ लोग का मानना है कि परम्परागत व्यवसाय से जातीय समीकरण बना है। लोग अपनी जाति से जुडकर सफल व्यवसायी बने

हैं। गांव में मल्लाह मछली पालन में काफी सफल हुए हैं। कुम्हार बर्तन के व्यवसाय में सफल हुए हैं। स्वर्णकार स्वर्णकला मे एवं कुम्हार मिट्टी कला में आसानी से पारंगत भी हो जाते हैं। आदिवासी जडी-बूटी से दवा बनाकर अपना जीवन यापन सफलता पूर्वक करता है।

कुछ लोग कहते हैं कि इसे सरकारी प्रोत्साहन प्राप्त होने पर जाति-वाद को बढावा मिलता है एवं इसका राजनीतिकरण तुरन्त हो जाता है।

कुछ लोग यह भी कहते हैं कि पारंपरिक व्यवसाय सीमित दायरा को प्रोत्साहित करते हैं। परन्तु कुछ लोग आशावादी होते हुए कहते हैं कि आज भी इन परम्परागत व्यवसाय से जुडकर लोग अपना जीवन यापन कर रहे हैं। यदि उसे संरक्षण नहीं दिया गया, तो हमारी संस्कृति विलुप्त होने के कगार में आ सकती है।

राज्य स्तर पर जातिवार बोर्ड का गठन हो, ताकि प्रत्येक जाति के हित की रक्षा वे स्वयं कर सकें, जैसे कुम्भकारों के विकास के लिए माटी कला बोर्ड, स्वर्णकारों के विकास के लिए स्वर्णकला बोर्ड, लोहारो के विकास के लिए लौह कला बोर्ड, बढ़ई जाति के विकास के लिए काष्ठकला बोर्ड आदि। उस बोर्ड में खासकर उसी जाति के लोगों को बैठाया जाना चाहिए, ताकि वे अपने हित की रक्षा स्वयं कर सकें।

प्रत्येक जाति के हित की रक्षा के लिए जातिवार बोर्ड का गठन किया जा सकता है।

बोर्ड गठन के अलावा, जातिवार व्यवसाय से जुड़े लोगों के विशेष प्रशिक्षण की भी व्यवस्था हो। प्रत्येक व्यवसाय के तकनीक में बदलाव आया है। उस तकनीक बदलाव को समझना और नये बदलाव के अनुसार अपने आप को समायोजित करना अति आवश्यक है अतः इसके अनुकुल परम्परागत व्यवसाय प्रशिक्षण केन्द्र का निर्माण जिलावार सुनिश्चित किया जाना चाहिए।

व्यवसाय के तकनीक में बदलाव से अवगत होने के लिए परम्परागत व्यवसाय प्रशिक्षण केन्द्र का निर्माण प्रत्येक जिला में किया जा सकता है।

किसी अन्य जाति के लोगों को भी किसी विशेष परम्परागत व्यवसाय अपनाने हेतु जुडने का भी प्रबंध किया जाना चाहिए, ताकि अपनी क्षमता एवं अभिरूचि के अनुकूल परम्परागत व्यवसाय को आत्मसात कर कौशल का लाभ उठाते हुए अपना जीवनयापन सफलतापूर्वक कर सकें।

क्षमता एवं अभिरूचि के अनुकूल अन्य जाति के लोगों को भी परम्परागत व्यवसाय का प्रशिक्षण दिया जा सकता है।

संक्षेप में

ग्रामों की स्वपूर्ति

ग्रामों की स्वपूर्ति के लिए, सामान्य सेवा केन्द्र; (सी0एस0सी) को और विकसित करने की आवश्यकता है। गॉव से बाहर जाकर बसे लोगो को वापस बुलाने हेतु प्रोत्साहन देने की विशेष सुबिधा देने की आवश्यकता है। कृषि का औद्योगिकरण करते हुए चलन्त ए0टी0एम0 और चलन्त मिट्टी जांच केन्द्र जैसी चलन्त व्यवस्था प्रारम्भ करने की आवश्यकता है।

स्थानीय बैंकिग व्यवस्था

ग्राम स्तर पर बैकिंग व्यवस्था सुद्दढ़ करने के लिए ग्रामीण बैंक को सुद्दढ़ करने की आवश्यकता है, जहां पर एकल सहायता खिड़की को प्रभावशाली बनाने की जरूरत हैं। ग्राम चौपाल में 'आर0बी0आई0' का गाइड लाइन प्रचारित एवं प्रसारित करने की आवश्यकता है तथा प्रत्येक छोटे बड़े ऋण को बीमा से जोड़ने की आवश्यकता है।

सहकारिता

युवा वर्ग को स्वरोजगार एवं व्यवसाय से जोड़ने हेतु सहकारिता को आन्दोलन का रूप देने के लिए संयुक्त कार्य के मूल्यों को पुनः विकसित करने हेतु सफल सहकारिता समूह के मॉडल का भ्रमण कराते हुए नये सहकारिता समूह को गति जी जा सकती है। साथ ही, उन्हे सहकारिता के महत्व एवं उसके नियम का ग्राम चौपाल के माध्यम से प्रचार एवं प्रसार किया जा सकता है।

परम्परागत व्यवसाय

परम्परागत व्यवसाय सदियों से रोजगार मुहैया कराने का महत्वपूर्ण साधन रहा है। इसे संरक्षित करने के लिए राज्य स्तर पर जातिवार बोर्ड का गठन हो। जातिगत व्यवसाय की तकनीक में आये बदलाव से

अवगत कराने के लिए विशेष प्रशिक्षण की व्यवस्था हो। साथ ही, अन्य जाति के लोगों को उनकी क्षमता और अभिरूचि के अनुकुल जातिगत व्यवसाय से जुड़ने का मौका मिले।

12

संस्कृति

मानव समाज का एक अभिन्न अंग है संस्कृति जिसमें ज्ञान, विश्वास, कला, कानून, रीति-रिवाज, और आदतें शामिल हैं। यह जीवन जीने का एक तरीका है, जो एक पीढ़ी से दूसरी पीढ़ी तक समाजीकरण के माध्यम से पहुंचता है।

मौसम के अनुकुल हम अपने को ढालते हुए खाने-पीने, वस्त्र-आभूषण आदि की व्यवस्था करते हैं। व्यक्ति, पशु, पक्षी आदि हमारे करीब होते हैं, तो उनसे हम प्रेम करना शुरू करते हैं, उनके साथ जीना प्रारम्भ करते है, वो हमारी रक्षा करना शुरू कर देते है। जब ऐसी अदृश्य शक्ति में मग्न होकर जीने का मजा आने लगता है, तो हम उसे पूजना प्रारम्भ कर देते हैं। हम वैसी अदृश्य शक्ति की भी आराधना करते हैं, जिससे साक्षात् नुकसान दिखाई देता है जैसे भूकम्प आना, बाढ़ आना, वज्रपात होना आदि। इसलिए जल, जंगल और जमीन जो हमारे साथ हैं, जिसके साथ हम दैनिक जीवन जीते है उसकी आराधना करते हैं।

इस व्यवस्था में ढलने में विभिन्न वृद्धों का अनुभव एक उदाहरण बनता है और जिसका अनुसरण करते हुए हम व्यवस्था में अपने आप को सामंजित कर पाते हैं। माता-पिता, दादा-दादी, नाना-नानी आदि वृद्ध हमारे जीवन नैया को पार लगाने के लिए अनुभव प्रदान करते हैं।

एक अभिभावक के रूप में उनकी मदद मिलती है और हम प्रकृति से तार-लम्य बिठाकर आनन्दित होना प्रारम्भ करते हैं।

बोल-चाल के लिए अपनी भाषा विकसित करते हैं। यदि उसे शब्दों में व्यक्त नहीं कर पाते हैं, तो उसे कला, संगीत, नृत्य, साहित्य आदि के माध्यम से अभिव्यक्त करते है। इस अभिव्यक्ति से मन के उद्गार बाहर आने लगते हैं और दो व्यक्ति या समूह आपस में जुड़ पाते हैं।

वृद्धों का सम्मान

भारतीय संस्कृति का अक्षुण अंग रहा है-वृद्धों का सम्मान। सामान्य रूप से तीन तरह के वृद्ध माने गए हैं-वयोवृद्ध, ज्ञानोवृद्ध एवं यशोवृद्ध। हम सौभाग्यशाली होते हैं, जब हमें तीनों वृद्ध एक ही व्यक्ति में दिखाई पड़ते हैं। हमारी परम्परा तीनों वृद्धों को सम्मान देने की रही है। परन्तु आज इसके विपरीत हो चला है। वयोवृद्धों को वृद्धाआश्रम भेजा जा रहा है, अनुभवी ज्ञानोवृद्ध को महत्ताविहीन समझा जा रहा है तथा यशस्वियों को अपमानित किया जा रहा है। इन तीनों वृद्धों को सम्मान कैसे वापस लाया जा सकता है?

कुछ लोग कहते है कि प्रकृति के प्रकोप से लड़ने और सीमित साधन में जीवन बसर करने के लिए संयुक्त परिवार का विकास हुआ, जिसमें वृद्ध हमेशा से हमारे अग्रज रहे। अनुभव होते गए उम्र बढती गयी और एक समय ऐसा आया कि शरीर धीरे-धीरे काम करना कम कर दिया और ऐसी स्थिति उत्पन्न हुई कि वयोवृद्ध खाट में पड़ गए। परिवार के अन्य सदस्य अपने-अपने कार्यों में व्यस्त रहे। नतीजा यह हुआ कि वह वृद्ध जो पहले परिवार के केन्द्र में हुआ करते थे, वे हाशिए पर आने लगे। परिवार के द्वारा उनकी उपेक्षा किए जाने के कारण समाज के अन्य लोग भी उनकी उपेक्षा करना प्रारम्भ कर दिए।

कुछ लोगों का मानना है कि ज्ञानोवृद्ध बोलकर ऐसा कुछ नही होता है। हर कोई अपने जीवन के अनुभव से ज्ञान प्राप्त करता है और

आवश्यकतानुसार अपना कार्य भी कर लेता है। आज की तिथि में कोई व्यक्ति मूर्ख नही है, चाहे वह गांव में वास करता हो या शहर में। कुछ लोग यह भी मानते हैं कि हम कितना भी ज्ञान प्राप्त कर लें, इससे परिपूर्ण कभी नहीं हो सकते। अक्सर ऐसा देखने को मिलता है कि हम तो खुब चालाक बन रहे थे और बुद् बन कर बैठ गए।

कुछ लोग मानते हैं कि ग्रामीण परिवेश में अक्सर ऐसा देखने के लिए मिलता है कि सभी लोग सरकारी कार्य कराने हेतु कार्यालय तक नहीं पहुंच पाते हैं। ऐसे में यशस्वी उनके काम आते है। वे लोग सरकारी कार्यालय में आना-जाना प्रारम्भ करते हैं, तो उसके प्रति ऐसी छवि बनती है कि वे सरकारी काम करा सकते है, जिसके कारण उन पर लोग आश्रित होना प्रारम्भ कर देते हैं। उनमे से कुछ धीरे-धीरे जनता के विश्वास का आर्थिक एवं राजनीतिक दोहन करना प्रारम्भ कर देते हैं।

वयोवृद्ध के अनुभव का लाभ प्राप्त करने के लिए जरूरी है कि उन्हे अपने साथ रखा जाए, जिसके लिए उनकी आवश्यकता को ध्यान में रखकर व्यवस्था विकसित करनी होगी। इसके लिए आवश्यक है कि वयोवृद्ध जीवनपर्यन्त वित्तीय शक्ति अपने पास रखें, ताकि आर्थिक आजादी बना रहे। परिवार के प्रत्येक सदस्य वृद्धों की मदद के लिए तत्पर रहें, ताकि अगली पीढ़ी वृद्धों की सेवा का अनुकरण कर सके। साथ ही, उनके साथ बैठने की आदत डाली जाए। वृद्धों की सेवा प्रमाणपत्र विद्यालय, महाविद्यालय, नौकरी पाने आदि में अहर्ता के रूप में अनिवार्य बनाया जाए, ताकि विद्यार्थी शिक्षा प्रमाणपत्र पाने के स्वार्थ में वयोवृद्ध की सेवा में लगे रहें। इसके अलावा, गृह निर्माण का नक्शा वृद्धों की आवश्यकता के अनुरूप तैयार करने के लिए पॉलिसी निर्माण किया जाए, ताकि उन्हे अपने वय शरीर से दैनिक कार्य करने में सुविधा हों।

मैट्रिक, इंटर और स्नातक के डिग्री के लिए वृद्धों की सेवा प्रमाणपत्र को अनिवार्य बनाया जा सकता है ताकि विद्यार्थी शिक्षा प्रमाणपत्र पाने के स्वार्थ में वयोवृद्ध की सेवा में लगे रहें।

ज्ञानोवृद्ध का तात्पर्य है ज्ञान में परिपक्व होना। उसका कुछ भी उम्र हो सकता है, उम्र में छोटा या बड़ा हो सकता है, जो किसी कार्य को करने में परिपक्व हो सकता है, दक्ष हो सकता है। यह हो सकता है कि कोई व्यक्ति समय से पूर्व इतनी पारिवारिक जिम्मेदारी सम्भालता हो कि उसे जीवन के कटु अनुभव कम उम्र में ही प्राप्त हो जाए। सेवानिवृत्त व्यक्ति भी एक ऐसा समूह का निर्माण करता है, जो समुचित दक्षता के उपरांत सक्षम होने पर भी कार्य करना बन्द कर देता है। ऐसे में आवश्यक है कि ज्ञानोवृद्ध का समूह तैयार कर उनके अनुभवों को छान कर समाजोपयोगी पुस्तकों का निर्माण करते हुए उनके ज्ञान और अनुभव का उपयोग किया जाए।

ज्ञानोवृद्ध का समूह तैयार कर उनके अनुभवों को छानते हुए समाजोपयोगी पुस्तकों का निर्माण किया जा सकता है।

यशोवृद्ध होने का तात्पर्य है कि लोग उन्हें जानते है, पहचानते है, उनके प्रति श्रद्धा एवं विश्वास रखते है। उनके कुछ अच्छे सामाजिक कृत्य से आम आदमी तक इसका लाभ मिलना प्रारम्भ हो जाता है। आम व्यक्ति उनके निर्णय से प्रभावित होने लगते हैं। तभी वह कभी-कभी स्वार्थी हो जाता है और वह अपने स्वार्थ से दूसरों की मदद करने लगते हैं और उसका स्वार्थ कभी-कभी दिख भी जाता है। ऐसे में उनकी छवि खराब होने लगती है। फिर भी यशोवृद्ध के द्वारा निस्वार्थ भावना से की जाने वाली मदद को सरकारी महकमें में सम्मान की दृष्टि से लिया जाना चाहिए, ताकि यशस्वियों के प्रति लोगो का विश्वास कायम रहे।

यशोवृद्ध के द्वारा निस्वार्थ भावना से की जाने वाली मदद को सम्मान की दृष्टि से लेते हुए उनके विश्वास को कायम रखा जा सकता है।

परम्परागत आराध्य

हम सदियों से जल,जंगल,जमीन की पूजा करते आ रहें है। हम सूर्य, चन्द्रमा आदि की पूजा परम्परागत संगीत कला एवं नृत्य से करते हुए समाज को एक सूत्र में बांधने का काम करते आये हैं। हम संयुक्त रूप से पूजा पाठ का आयोजन कर संस्कृति की रक्षा भी करते रहे हैं। परन्तु आज ऐसी स्थिति उत्पन्न हो गई है कि इन परम्परागत आराध्यों से हम दूर होते जा रहे हैं। कैसे इनकी रक्षा हो सकती है?

कुछ लोग का मानना है कि जल नही होगा, तो खेती नही होगी। पीने के लिए जीव के पास कोई साधन नही होगा। स्वाभाविक है कि हम उस पर आश्रित होने के कारण उसकी आराधना करते है।

कुछ लोगों का मानना है कि विकास के नाम पर जंगल को अनवरत काटा जा रहा है। जबकि हम उस पर आश्रित होकर अपना जीवन यापन करते हैं। स्वाभाविक रूप से उसे भी आराध्य के रूप में पूजते हैं।

कुछ लोगों का मानना है कि जमीन की पूजा इसीलिए करते हैं क्योंकि जमीन अन्नदाता के रूप में कार्य करती है अगर जमीन नही होगा, तो जीवन भी नही होगा।

कुछ लोग यह मानते हैं कि संयुक्त रूप से पूजा पाठ का आयोजन कर हम एक साथ मिलकर अपनी संस्कृति की रक्षा करते हैं, परन्तु लोग जीवन की भाग-दौड़ में इतना व्यस्त हैं कि इसके लिए समय नहीं है।

प्रकृति के अनुसार आराध्य भी रहें हैं। आराध्य का होना आस्था का विषय है और यह आस्था प्रकृति के समावेशी व्यवहार से विकसित होता है। इसलिए प्रकृति को लोक व्यवहार में लाकर सामूहिक आयोजन कर आस्था को बनाए रखा जाता है। लोग सूर्य का पर्व छठ, चांद का पर्व करवा चौथ, वृक्ष का पर्व सरहूल, कर्मा आदि जैसे त्योहारों को सामूहिक रूप से धूम-धाम से मनाते हैं, परन्तु आवश्यक है कि व्यस्तम दिनचर्या

में भी अपनी परम्परागत आराध्य को दैनिक रूप से समय दिया जाए एवं उनके प्रकृति को अपने जीवन में उतारा जाये।

अपने व्यस्तम दिनचर्या में भी परम्परागत आराध्य को दैनिक रूप से समय देते हुए उनके प्रकृति को अपनाया जा सकता है।

परम्परागत रूप से देखा जाता है कि किसी ग्राम के ग्राम देवता होते है। किसी परिवार में कुल देवता होते है ऐसा अक्सर माना जाता है कि ग्राम देवता और कुल देवता के आराधना के साथ-साथ अन्य देवताओं को भी पूजा जाता है। अतः आवश्यक है कि युवा पीढ़ी परम्परागत रूप से चले आ रहे ग्राम देवता और कुल देवता की आराधना करते रहे।

युवा पीढ़ी के द्वारा परम्परागत रूप से चले आ रहे ग्राम देवता और कुल देवता की आराधना किया जा सकता है।

परम्परागत वस्त्र एवं आभूषण

हर सांस्कृतिक समूह की अपनी पहचान है। उनके अपने परम्परागत वस्त्र यथा धोती, गमछा, लूंगी, अंग वस्त्रम, पगड़ी आदि उनकी अलग पहचान बनाती है। साथ ही, परम्परागत आभूषण सांस्कृतिक पहचान की महत्वपूर्ण कड़ी मानी जाती है। ये सब आज विलुप्त होने की दिशा मे अग्रसर हैं, इसे कैसे सुरक्षित रखते हुए आगे बढा जा सकता है?

कुछ लोग मानते है कि विदेश की संस्कृति का अनुकरण कर हमारी मानसिकता विदेशी हो चली है। अधिकांश लोग जींस, टी-शर्ट, शर्ट, स्वेटर, जैकेट, और पश्चिमी शैली के जूते आदि विदेशी वस्त्रों का अनुकरण कर रहे है। बाजार में भी इस तरह के वस्त्रों की भरमार है। दुकानदार भी क्या करें; वह तो वही बेचेगा जो बिकेगा।

कुछ लोग कहते है कि टीवी देखकर, फिल्में देखकर लोग ऐसा व्यवहार कर रहे हैं। इससे कुछ लोगों की मानसिकता बन गई है कि

यदि हम औरों की नकल नही करेंगे, तो लोग उन्हे समाज के सबसे पीछे पंक्ति में खड़ा मानेंगे।

कुछ लोग कहते हैं कि लोग स्वयं कपड़े का निर्माण कर सादगी का जीवन व्यतीत किया करते थे। नया वस्त्र उनका श्रृंगार होता था।

कुछ लोग कहते हैं कि प्रकृति से जुड़े आभूषण से भी श्रृंगार किया जाता था। सोना-चांदी के मोटे-मोटे आभूषण से जड़ित महिला पुरूष दिखाई पडते थे। परन्तु, अब इसके विपरीत हो गया है। सोने-चांदी के महंगे हो जाने के कारण सोने-चांदी से जड़ित लोग आज दिखाई नहीं पड़ते है।

परम्परागत वस्त्र और आभूषण की विलुप्त होती जा रही पहचान को पुनः बहाल करने हेतु सबसे पहले अपनी संस्कृति एवं परम्परा में आस्था मजबूत करनी होगी। 'प्रकृति की ओर लौटे' को जीवन का आधार बनाना होगा और यह मानना होगा कि हम ही गंगोत्री है हमारी संस्कृति ही गंगोत्री है। यही से गंगा निकलेगी, लोग उसमें स्नान करेंगे। अर्थात् हम अपनी पहचान स्वयं बनाएंगे, ताकि दूसरे लोग इसे अनुकरण कर अपनी जीवन शैली बना सकें।

प्रकृति की ओर लौटे को जीवन का आधार बनाकर अपनी संस्कृति एवं परम्परा में आस्था मजबूत किया जा सकता है।

इसका प्रारम्भ एक समूह निर्माण कर किया जा सकता है, जो अपने परम्परागत वेष भूषा मे ही सर्वत्र भ्रमण करे, जैसा कि टाना भगत संप्रदाय के लोग अभी भी महात्मा गांधी की दी गई खादी के सफेद कुर्ता-धोती में सर्वत्र आते जाते हैं। इससे लोगों के अन्दर बैठे अविश्वास मिटेगा कि लोग उसे स्वीकार नही करेंगे और धीरे-धीरे लोग अपनी संस्कृति एवं परम्परा की ओर लौटना प्रारम्भ कर देंगे। इससे हमें गर्व होगा कि हम अपने पूर्वज की वेश-भूषा को वापस ला रहे हैं।

परम्परागत वस्त्र एवं आभूषण को अपनाते हुए प्रारम्भ में एक समूह निर्माण करते हुए अपने परम्परागत वेष भूषा मे ही सर्वत्र भ्रमण कर आत्मविश्वास में वृद्धि किया जा सकता है।

परम्परागत भोज्य एवं पेय पदार्थ

महुआ, ताडी, हड़िया आदि हमारे परम्परागत पेय पदार्थ रहें हैं। हम धुसका, लिट्टी, छिलका, मालपुआ, ढक्कन डब्बा जैसे भोज्य पदार्थो से अपने अतिथियों का स्वागत करते रहे हैं। चाय कॉफी, अंगुर सेव आदि से निर्मित पेय भी मेहमानों को परोसे जाते रहे हैं। परन्तु, एक ओर चाय, कॉफी, अंगुर, सेब आदि से निर्मित पेय पदार्थो को तो बढावा दिया जाता है, तो दूसरी ओर चावल, महुआ, ताड़ आदि से स्व-निर्मित पेय पदार्थो को हतोत्साहित कर अपनी संस्कृति को दमित किया जाता है। इसकी रक्षा कैसे की जा सकती है?

परम्परागत रूप से विकसित पेय पदार्थो पर समुचित रोक न लगाते हुए उसमें सुधार अपेक्षित है। गोवा राज्य का स्थानीय पेय फेनी है, जो काजू या नारियल से बनाया जाता है। गोवा सरकार फेनी उत्पादन में प्रमाणीकरण, संवर्धन और कानूनी ढांचे के संदर्भ में महत्वपूर्ण भूमिका निभाती है। सरकार ने फेनी को गोवा की विरासत भावना वर्ष 2016 में घोषित किया, जिससे यह न केवल एक स्थानीय शराब, बल्कि गोवा की पहचान का प्रतीक बन गया। गोवा सरकार ने वर्ष 2021 में, एक फेनी नीति लागू की जिसका उद्देश्य फेनी को एक वैश्विक ब्रांड बनाना और इसके उत्पादन को बढ़ावा देना है।

कुछ लोग का मानना है कि झारखण्ड का गठन इसकी संस्कृति एवं जीवन शैली की रक्षा करने के लिए हुआ है। झारखण्ड के अधिकांशतः मूल वासी आज भी अतिथियों का स्वागत महुआ, ताड़ी, हड़िया आदि से करते हैं, लेकिन सांस्कृतिक व्याभिचार की घटना सुनने को नहीं मिलती है।

कुछ लोग कहते हैं कि हमारी परम्परागत पेय एवं भोज्य पदार्थ स्थानीय उपज एवं उसकी प्रचुर उपलब्धता से बनी है। उसी से लोग पेय एवं भोज्य का निर्माण किया करते थे। धुसका, बर्रा, कचरी का स्थान फास्ट फुड पिज्जा, बर्गर ले रहा है और महुआ, ताडी, हड़िया का स्थान चाय, कॉफी और बीयर जैसा पेय ले रहे हैं।

कुछ लोग कहते हैं कि छिलका, मालपुआ, ढक्कन डब्बा जैसे भोज्य पदार्थ हमारे परम्परागत भोज्य रहे हैं। ऐसे भोजन में सादगी झलकती है, जो तैलीय पदार्थ से दूर है तथा अपनी स्थानीयता एवं उपलब्ध संसाधन के अनुसार निर्मित भोज्य है। इसे उपयेाग करना महंगा भी नही है और इससे अपनी संस्कृति की रक्षा भी होती है।

कुछ लोग यह भी कहते है कि खाने पीने के रूप में राजस्थानी, गुजराती, दक्षिण भारतीय हर तरह के पदार्थ मिल जाते है, परन्तु झारखण्डी भोज्य झारखण्ड के बाहर खोजने से नहीं मिल पाता। हमें ऐसी व्यवस्था की जरूरत है कि हम भी राज्य से बाहर जाकर गर्व कर सके कि हमारे पूर्वज जिस परम्परा को विकसित किए थे वे आज भी प्रासंगिक है।

गोवा के स्थानीय पेय 'फेनी' की तर्ज पर झारखण्ड के महुआ, ताड़ी, हड़िया आदि स्थानीय पेय को भी बोतल में पैक कर व्यवसाय किया जाना चाहिए। स्थानीय पेय का उत्पादन में प्रमाणीकरण, संवर्धन और कानूनी ढांचे के संदर्भ में वैज्ञानिक एवं रासायनिक विश्लेषण कराते हुए इसके स्वास्थ्यपरक दुष्प्रभाव को समझकर उसे दूर किया जाना चाहिए। इससे एक ओर स्वास्थ्यपरक दुष्प्रभाव समाप्त होने में मदद मिलेगी और दूसरी ओर, स्थानीय लोगों को व्यवसाय करने के लिए मौका भी मिलेगा तथा सरकार को राजस्व प्राप्त होने के साथ-साथ सरकार अपनी संस्कृति की रक्षा करने में सफल भी होगी।

गोवा के स्थानीय पेय 'फेनी' की तर्ज पर झारखण्ड के महुआ, ताड़ी, हड़िया आदि स्थानीय पेय को विकसित करने के लिए महुआ नीति का निर्माण किया जा सकता है।

धुसका, छिलका, मालपुआ, ढक्कन-ढब्बा जैसे भोज्य पदार्थ का बिक्रय केन्द्र स्थानीय रूप से प्रोत्साहित करते हुए दूसरे राज्य में खोलने के लिए राज्य सरकार के द्वारा सब्सिडी के साथ-साथ आसान किस्तों में ऋण भी दिया जाना चाहिए, ताकि स्थानीय परम्पराओं से पड़ोसी राज्य को अवगत कराया जा सके। इसके लिए, राज्य स्तर पर स्थानीय भोज्य का कॉनक्लेव भी आयोजित किया जाना चाहिए, ताकि दूसरे राज्यों में इसका प्रचार-प्रसार हो सके।

दूसरे राज्य में धुसका, छिलका, मालपुआ, ढक्कन-ढब्बा जैसे स्थानीय भोज्य पदार्थों का बिक्रय केन्द्र खोलने के लिए राज्य सरकार के द्वारा सब्सिडी के साथ-साथ आसान किस्तों में ऋण दिया जा सकता है।

परम्परागत कला एवं संगीत

झारखण्ड की अपनी कला एवं संगीत की परम्परा रही है जिसकी पहचान पूरी दुनिया में है। परन्तु पैतकर पेंटिंग, खोवर कला, और ढोकरा शिल्प जैसे प्राचीन कलाएं घटती रुचि और आधुनिकता की प्रतिस्पर्धा के कारण लुप्त होने के कगार पर हैं। इसी तरह, बनम और मोहन बांसुरी जैसे पारंपरिक संगीत वाद्ययंत्रों का चलन धीरे-धीरे कम हो रहा है, जबकि फगुआ संगीत और कुछ आदिवासी नृत्य शैलियां भी धीरे-धीरे खत्म हो रही हैं। कला एवं संगीत मेहमानों को रिझाने के लिए अधिकांक्षित उपयोग में लाया जा रहा है जिससे उसका दायरा सिमट रहा है। क्या इसे दैनिक जीवन से जोडकर व्यापक करने हेतु प्रोत्साहित किया जा सकता है?

झारखंड के पारंपरिक संगीत में लोकगीत और वाद्ययंत्रों का महत्वपूर्ण स्थान है। यहां के लोकगीतों में झूमर, सोहराई, कर्मा और फगुआ गीत प्रसिद्ध हैं। इसके अलावा, मांदर, नगाड़ा, ढोलक, और शहनाई जैसे वाद्ययंत्रों का उपयोग पारंपरिक संगीत के रूप में किया जाता है। झारखंड के पारंपरिक वाद्य यंत्रों में मांदर, नगाड़ा, ढोल, ढाक, धमसा, तासा, जुड़ी-नागरा, खंजरी, डमरू, और एकतारा शामिल हैं। ये वाद्य यंत्र झारखंड के लोक संगीत और नृत्य में महत्वपूर्ण भूमिका निभाते हैं।

पद्मश्री मुकुंद नायक एक प्रतिष्ठित नाथक-गायक-गीतकार हैं, जिन्हें नागपुरी लोक कला, विशेषतः झुमर नृत्य-गीत को संरक्षित करने व प्रसारित करने में योगदान के लिए जाना जाता है। उनको भारत सरकार ने पद्मश्री (2017) से सम्मानित किया है।

पद्मश्री मधु मंसूरी हसमुख ने कई नागपुरी गीत लिखे और गाए। 2011 में, झारखंड सरकार ने उन्हें झारखंड रत्न पुरस्कार से सम्मानित किया। उनको भारत सरकार ने पद्म श्री (2020) से सम्मानित किया है।

पद्मश्री महावीर नायक एक लोक गायक और गीतकार हैं। उनको अपने नागपुरी भिंसरिया, फगुवा, पावस और मर्दानी झूमर राग के लिए जाना जाता है। उनको भारत सरकार ने पद्मश्री (2025) से सम्मानित किया है।

कुछ लोग मानते हैं कि झारखण्ड में कला और कलाकार दोनो की स्थिति अच्छी नही है। सुदुर इलाके में अब भी ऐसे कलाकार हैं, जिनकी पहचान करने की आवश्यकता है। कला को सरकारी स्तर पर अपेक्षित प्रोत्साहन नही मिलने के कारण संबंधित कलाकार की जीवन शैली प्रभावित हुई है और कला भी दबती जा रही है।

कुछ लोग कहते हैं कि झारखण्ड का संगीत यथा ढोल, नगाड़ा, मृदंग, तुरही, मांदर, बांसुरी आदि, तो ऐसे हैं कि उसकी ताल में कोई भी खडे-खडा थिरक उठता है।

झारखंड में कला प्रदर्शनियों के लिए कई केंद्र हैं, जैसे झारखंड कला मंदिर (रांची), संस्कृति संग्रहालय और आर्ट गैलरी (हजारीबाग) और राज्य संग्रहालय (रांची), अनुभव कला केन्द्र (हजारीबाग) जो नियमित रूप से प्रदर्शनियों का आयोजन करते हैं। इसके अलावा, सरायकेला छऊ केन्द्र (सिल्ली), मानभूम छऊ केन्द्र (सिल्ली) जैसे कई कला केंद्र भी हैं, जो झारखण्डी कला को बढ़ावा देते हैं। जरूरत है दिल्ली में कला प्रदर्शनी केन्द्र जैसा झारखण्ड के कला प्रदर्शनी केन्द्र को भी बढ़ावा देने की, ताकि कोई भी सैलानी हमारी कला से अवगत हो सके।

कोई भी सैलानी को हमारी कला से अवगत कराने के लिए दिल्ली के कला प्रदर्शनी केन्द्र जैसा झारखण्ड के कला प्रदर्शनी केन्द्र को विकसित किया जा सकता है।

परम्परागत कला से झारखण्ड सरकार के द्वारा पहल करते हुए सरकारी भवनों एवं सरकारी स्थलों को सजाने का कार्य किया जा रहा है। परन्तु इसका प्रदर्शन वैसे स्थल पर किये जाने की आवश्यकता है जहां दूसरे देश या प्रदेश से सैलानी आते हैं।

दूसरे देश या प्रदेश के सैलानियों के द्वारा भ्रमण किये जाने वाले स्थल पर झारखण्ड के परम्परागत कला का प्रदर्शन किया जा सकता है।

मुकुंद नायक, मधु मंसूरी हसमुख, महावीर नायक के अलावा कुछ ऐसे कलाकार भी हैं, जो झारखण्डी कला एवं संगीत में रमे हुए हैं परन्तु उनकी वित्तीय हालात अच्छी नही है। ऐसे कलाकारों को अनुदानित

दर पर संगीत बाध्ययंत्र मुहैया करानी चाहिए एवं उन्हें प्रोत्साहन राशि उपलब्ध कराना चाहिए।

झारखण्डी कला एवं संगीत में रमे हुए भूले बिसरे कलाकारों को अनुदानित दर पर संगीत बाध्ययंत्र एवं प्रोत्साहन राशि उपलब्ध कराया जा सकता है।

स्थानीय भाषा एवं साहित्य

झारखंड की प्रमुख भाषा हिंदी है। इसके अलावा संथाली, बांग्ला, उर्दू, खोरठा, नागपुरी, कुरुख, मुंडारी, हो, उड़िया, कुरमाली, पंचपरगनिया, मगही, भोजपुरी और मैथिली जैसे कई अन्य भाषाओं को भी द्वितीय राजभाषा का दर्जा दिया गया है। झारखंड में कुछ ऐसी भाषा और साहित्य हैं, जिसका कुछ लोग उपयोग करने में गर्व महसूस नहीं करते हैं। क्या इस घटते हुए गर्व को वापस लाया जा सकता है?

झारखंड एक बहुभाषी राज्य है, जहां कई भाषाएं और बोलियां बोली जाती हैं। हिंदी यहां की आधिकारिक भाषा है, लेकिन इसके साथ ही संथाली, मुंडारी, हो, खड़िया, कुड़ुख, खोरठा, नागपुरी, कुरमाली, पंचपरगनिया, अंगिका, भोजपुरी, मगही, मैथिली, बंगाली और उर्दू जैसी भाषाएं भी बोली जाती हैं।

झारखंड साहित्य के प्रसिद्ध लेखकों में डॉ. राम दयाल मुंडा; रांची की प्रमुख पुस्तक आदि धर्म: भारतीय आदिवासियों की धार्मिक आस्थाएं; 2002, शिव खेड़ा; धनबाद की प्रमुख पुस्तक जीत आपकी;1998 और वंदना टेटे; सिमडेगा की प्रमुख पुस्तक पुरखा लड़ाके; 2005 शामिल हैं, जिन्होंने अपने विचारोत्तेजक कार्यों से इस साहित्यिक परंपरा को समृद्ध किया है।

झारखंड में भाषा और साहित्य के विकास के लिए एक झारखंड भाषा साहित्य अकादमी का गठन किया गया है। यह अकादमी राज्य

की विभिन्न भाषाओं और साहित्य को बढ़ावा देने, संरक्षण और विकास के लिए काम करती है। इसके अलावा, झारखंड में कई साहित्यिक संगठन और संस्थाएं भी हैं, जो भाषा और साहित्य के क्षेत्र में सक्रिय हैं, उनमें से प्रमुख है-झारखंड साहित्य परिषद, नागपुरी साहित्य संस्कृति मंच, खोरठा साहित्य परिषद, संथाली साहित्य परिषद। ये संगठन विभिन्न प्रकार की साहित्यिक गतिविधियां आयोजित करते हैं, जैसे साहित्यिक समारोह, कवि सम्मेलन, पुस्तक मेले, और साहित्यिक पुरस्कार वितरण आदि।

जेसीईआरटी की स्थापना मानव संसाधन विकास विभाग, झारखंड सरकार द्वारा 2007 में की गई थी और यह सोसायटी पंजीकरण अधिनियम 1860 के तहत पंजीकृत है। जेसीईआरटी में पाठ्यपुस्तक विकास, संसाधन सामग्री की जांच, ई-सामग्री विकास, दीक्षा, पुरस्कार, खरीद-निविदा आदि के लिए अन्य कार्य समितियां भी गठित की गई हैं।

प्रकाशन विभाग (दिल्ली) का गठन 1941 में अखिल भारतीय प्रकाशन संस्थान के रूप में हुआ, जो सूचना और प्रसारण मंत्रालय के एक प्रभाग के रूप में कार्य करता है। यह हिंदी, अंग्रेजी और अन्य क्षेत्रीय भाषाओं में पुस्तकें प्रकाशित करता है तथा रियायती दर पर मुहैया कराता है।

कुछ लोग मानते हैं कि भाषा और साहित्य की स्थिति अच्छी नही है। संताली कुडूख, मुण्डारी आदि भाषाओं की पुस्तकें तो प्राप्त हो जाती हैं, परन्तु उससे संबंधित व्याकरण की पुस्तक के अभाव में भाषा सीखना मुश्किल हो जाता हैं।

कुछ लोग यह भी कहते हैं कि कई स्थानीय भाषाओं का प्रतियोगी परीक्षा में नही होने के कारण विद्यार्थी की रूचि घट रही है।

कुछ लोग यह कहते है किं स्थानीय भाषाओं की पुस्तक महंगी होने के कारण कई लोग इसे खरीद नही पाते हैं।

परम्परागत भाषा एवं साहित्य के विकास के लिए प्रकाशन विभाग दिल्ली की तर्ज पर झारखण्ड सरकार जेसीईआरटी को भी वृहद् स्तर पर प्रकाशन करना चाहिए, ताकि स्थानीय भाषा एवं साहित्य के माध्यम से पुस्तकों का प्रकाशन बढ़ सके। साथ ही, गैर भाषी लोगों को भाषा सीखने के लिए व्याकरण की पुस्तकों को भी प्राथमिकता दी जानी चाहिए।

परम्परागत भाषा एवं साहित्य के विकास के लिए प्रकाशन विभाग दिल्ली की तर्ज पर जेसीईआरटी झारखण्ड सरकार के द्वारा वृहद् स्तर पर प्रकाशन किया जा सकता है।

परम्परागत भाषा एवं साहित्य की पुस्तकें राज्य के सभी विद्यालय एवं महाविद्यालय में अनिवार्य रूप से उपलब्ध करायी जानी चाहिए और पाठ्यक्रम में इससे संबन्धित एक पत्र अवश्य रखा जाना चाहिए ताकि आने वाली पीढ़ी अपनी भाषा एवं साहित्य से सम्यक रूप से परिचित हो सके एवं हमारी गौरवपूर्ण संस्कृति से पूरा राष्ट्र अवगत हो सके।

हमारी गौरवपूर्ण संस्कृति से पूरा राष्ट्र को अवगत कराने के लिए राज्य के सभी विद्यालय एवं महाविद्यालय के पाठ्यक्रम में अनिवार्य रूप से भाषा एवं साहित्य का एक पत्र रखा जा सकता है।

संक्षेप में

वृद्धों का सम्मान

वयोवृद्ध का सम्मान वापस करने के लिए उन्हे समय देना होगा। उनके अनुभव को सम्मान करते हुए उनकी हर छोटी-छोटी आवश्यकताओं को पूरा करना होगा। साथ ही, वृद्धों के आवश्यकतानुरूप गृह निर्माण का नक्शा पास करने हेतु पॉलिसी निर्माण करना होगा।

ज्ञानोवृद्ध विशेषकर सेवानिवृत्त लोगों का समूह तैयार कर उनके अनुभवों को लेते हुए समाजोपयोगी पुस्तक का निर्माण करना होगा, ताकि उनके विचारों को भी पॉलिसी निर्माण में जोड़कर क्रियान्वयन में लाया जा सके।

यशोवृद्ध विशेषकर स्थानीय कार्यकर्ता के निस्वार्थ भाव से पूर्ण की जाने वाली मदद को सरकारी महकमे में सम्मान की दृष्टि से लिया जाना चाहिए।

परम्परागत आराध्य

जल, जंगल, जमीन जैसे परम्परागत अराध्य पर आस्था बरकरार रखने के लिए आवश्यक है कि सूर्य का पर्व छठ, चांद का पर्व करवा चौथ, पेड़ का पर्व सरहूल, कर्मा आदि जैसे त्योहारों को सामूहिक रूप से धूम-धाम से मनाया जाए और अपनी व्यस्तम दिनचर्या में भी अपनी परम्परागत अराध्य को दैनिक रूप से समय दिया जाए।

परम्परागत वस्त्र एवं आभूषण

परम्परागत वस्त्र एवं आभूषण को अक्षुण रखने के लिए आवश्यक है कि पहले अपनी परम्परागत वेशभूषा को पहचाने। इसका प्रारम्भ एक समूह निर्माण कर किया जा सकता है, जो अपने परम्परागत वेष भूषा मे ही सर्वत्र भ्रमण करें जैसा कि टाना भगत संप्रदाय के लोग अभी भी महात्मा

गांधी की दी गई खादी के सफेद कुर्ता-धोती में सर्वत्र आते जाते है। गर्व करे कि हम अपने पूर्वज की वेश-भूषा को वापस ला रहे हैं।

परम्परागत भोज्य एवं पेय पदार्थ

परम्परागत भोज्य एवं पेय पदार्थ की महत्ता बरकरार रखने के लिए आवश्यक है कि स्थानीय रूप से विक्रय केन्द्र खोलने के लिए प्रोत्साहित करते हुए राज्य सरकार परम्परागत भोज्य की प्रचार-प्रसार के लिए सब्सिडी के साथ-साथ आसान ऋण मुहैया करा कर दूसरे राज्य में विक्रय केन्द्र खोलने के लिए प्रोत्साहित करे, जहॉ स्थानीय परम्पराओं का विस्तार हो।

परम्परागत पेय-महुआ, ताडी, हड़िया आदि को गोवा राज्य के काजू के फैनी की ही तर्ज पर पैकेजिंग और मार्केटिंग कर स्थानीय पेय के रूप में राज्य सरकार के द्वारा धोषित किया जाना चाहिए।

परम्परागत कला एवं संगीत

परम्परागत कला को प्रोत्साहित करने के लिए सरकारी स्थलों एवं भवनों को स्थानीय कला से अच्छादित किया जा सकता है। दिल्ली में कला प्रदर्शनी केन्द्र जैसा झारखण्ड के कला प्रदर्शनी केन्द्र को भी बढ़ावा देने की, ताकि कोई भी सैलानी हमारी कला से अवगत हो सके। परम्परागत संगीत से जुड़े कलाकार को प्रोत्साहन देने के लिए अनुदानित दर पर संगीत वाघयंत्र मुहैया करानी चाहिए।

स्थानीय भाषा एवं साहित्य

स्थानीय भाषा एवं साहित्य के विकास के लिए प्रकाशन विभाग; दिल्ली की तर्ज पर झारखण्ड सरकार जेसीईआरटी को भी प्रकाशन करना चाहिए, ताकि स्थानीय भाषा एवं साहित्य के माध्यम से पुस्तको का प्रकाशन बढ सके। साथ ही, गैर भाषी लोगों को भाषा सीखने के लिए व्याकरण की पुस्तक को भी प्राथमिकता दी जानी चाहिए।

13

फिल्म निर्माण, पर्यटन एवं सूचना प्रसार

मनोरंजन का एक बहुत बड़ा साधन है फिल्म, जो सिनेमा हॉल एवं सोशल मीडिया में बहुत महत्वपूर्ण स्थान रखता है। इस उद्योग में रोजगार सृजन की अति संभावना है। फिल्म निर्माण के लिए भौतिक एवं आर्थिक प्रोत्साहन मिलने से सेवा क्षेत्र में विकास के साथ-साथ सामाजिक उत्थान भी देखने को मिल सकता है। इससे राज्य के प्राकृतिक सौंदर्य को संजोकर रखने एवं ऐतिहासिक स्थानों को सुरक्षित रखने में मदद मिल सकती है।

पर्यटन करने वाले लोग अपने निवास स्थान से कहीं और घूमने-फिरने, मनोरंजन करने या किसी खास जगह का अनुभव लेने जाते है। इसमें यात्रा, आवास, भोजन और अन्य संबंधित सेवाएं शामिल होती हैं। पर्यटन लोगों को अपनी ओर आकर्षित करने का साधन भी है। पर्यटन के लिए लोग एक जगह एकत्रित होते हैं। पर्यटन स्थल एक केन्द्रीय बिन्द होता है, जिसमें आर्थिक साधन जुगाड़ करने की पर्याप्त व्यवस्था होती है, साथ ही ज्ञान के साधन के रूप मे भी इसका व्यापक उपयोग होता है।

महत्त्वपूर्ण बात यह है कि आज पर्यटन के प्राकृतिक साधन बहुत हैं, परन्तु न्यून विकसित अवस्था में विद्यमान हैं। इस क्षेत्र में रोजगार के साधन सृजित करने के प्रचुर संभावना होने के कारण इसका विश्लेषण अति आवश्यक है।

सूचना प्रसार अपने बारे में बताकर प्रभावित करने का साधन है। सूचना प्रसार के माध्यम से सरकार अपनी उपलब्धियां तो जनता तक पहुंचाती है साथ ही, सरकार अपनी छवि सुधारने और बनाने के लिए भी उपयोग करती है। सूचना प्रसार नहीं होने या समुचित ढंग से नहीं होने पर यह बिल्कुल स्पष्ट नहीं होता कि सरकार के द्वारा किए जा रहे जनहित के कार्य जनता तक किस स्तर तक पहुंच रहे हैं। साथ ही, कई बार ऐसा भी देखने को मिलता है कि राज्य सरकार तो अच्छा काम कर रही है, परन्तु अन्य राज्यों की तुलना में अपने आप को समुचित रूप से प्रस्तुत नहीं कर पा रही है। ऐसे में आवश्यक है कि सूचना प्रसार का विश्लेषण किया जाए।

फिल्म निर्माण

भारत में फिल्म निर्माण मुंबई के अलावा हैदराबाद, चेन्नई, कोलकाता, कोच्चि, बेंगलुरु, भुवनेश्वर, कटक और गुवाहाटी जैसे प्रमुख शहरों में होता है। इसके अतिरिक्त, भारत के विभिन्न राज्यों जैसे मध्य प्रदेश, हिमाचल प्रदेश, जम्मू और कश्मीर, उत्तर प्रदेश, तमिलनाडु और राजस्थान के सुंदर लोकेशन भी फिल्मों की शूटिंग के लिए पसंद किए जाते हैं। झारखंड भी प्राकृतिक सौंदर्य के लिए जाना जाता है। यहाँ फिल्म शूटिंग के लिए हजारीबाग, लोहरदगा, पलामू, रामगढ़ और मैकलुस्कीगंज जैसे स्थान लोकप्रिय हैं, जो अपनी प्राकृतिक सुंदरता, ऐतिहासिक स्थानों और बेहतर मौसम के कारण फिल्म निर्माताओं को आकर्षित करते रहे हैं। इसे और आकर्षण का केन्द्र कैसे बनाया जा सकता है?

झारखंड भी प्राकृतिक सौंदर्य के लिए जाना जाता है। यहां फिल्म शूटिंग के लिए हजारीबाग, लोहरदगा, पलामू, रामगढ़, और मैकलुस्कीगंज जैसे स्थान लोकप्रिय हैं, जो अपनी प्राकृतिक सुंदरता, ऐतिहासिक स्थानों और बेहतर मौसम के कारण फिल्म निर्माताओं को आकर्षित करते रहे हैं। हजारीबाग के संत कोलंबस कॉलेज और झील स्थित इंदिरा गांधी आवासीय बालिका विद्यालय में नेटफ्लिक्स वेब सीरीज 'खाकी द बिहार चौप्टर' की शूटिंग हुई है। इसके अलावा, 'जामताड़ा 2' की शूटिंग हजारीबाग के दारू क्षेत्र में की गई है। अमिताभ बच्चन की फिल्म 'काला पत्थर' की शूटिंग हजारीबाग के गिद्दी वाशरी में हुई है। लोहरदगा में कई फिल्मों की शूटिंग हुई है, जिनमें हाल ही में हिंदी फिल्म 'युवा' (2020) और लाल विजय शाहदेव द्वारा निर्देशित फिल्म 'लोहरदगा' (2023) शामिल हैं। इसके अलावा लोहरदगा के सेन्हा, लावापानी जैसे स्थानों को फिल्म निर्माण के लिए पसंद किया जाता है। फिल्म 'युवा' की शूटिंग बूढ़ा घाघ की वादियों और नेतरहाट के आसपास के इलाकों में भी की गई है। इस प्रकार झारखंड में फिल्म निर्माण की अपार संभावनाएं दिखाई पड़ती हैं, जिसे प्रोन्नत करने की आवश्यकता है।

पड़ोसी राज्य पश्चिम बंगाल, बिहार, उत्तर प्रदेश के जैसा झारखंड की भी फिल्म नीति है। पश्चिम बंगाल सरकार फिल्म निर्माताओं को वित्तीय और बुनियादी ढांचागत सहायता प्रदान करती है, जिसमें सब्सिडी, मनोरंजन कर में छूट और टेक्नीशियन स्टूडियो में आधुनिक शूटिंग फ्लोर और मेकअप रूम जैसी सुविधाएं शामिल हैं। सरकार बंगाली फिल्मों पर मनोरंजन कर कम करती है और नए सिनेमा हॉल/मल्टीप्लेक्सों को कर छूट प्रदान करती है। उत्तर प्रदेश ने फिल्म निर्माण के लिए माहौल बनाने तथा शूटिंग के लिए विभिन्न आवश्यक संसाधनों को विकसित करने के लिए उत्तर प्रदेश फिल्म नीति-2023 लागू की है।

बिहार सरकार के कला, संस्कृति एवं युवा विभाग ने संकल्प के माध्यम से बिहार फिल्म प्रोत्साहन नीति 2024 लागू की है।

कुछ लोग कहते है कि 1984 में बनी प्रकाश झा की फिल्म 'हिप हिप हुर्रे' में राजकिरण एवं दीप्ती नवल जैसे कलाकारों को करीब से देखने का मौका मिला था। उसके बाद कोई फिल्म बनी या नही, कह नहीं सकता।

कुछ लोग यह भी कहते है कि हाल फिलहाल झारखंड में फिल्म निर्माण का क्रेज बढ़ा है। हजारीबाग के संत कोलंबस कॉलेज में नेटफ्लिक्स की वेब सीरीज 'बिहार डायरीज' की शूटिंग हुई है। इसके अलावा अभिनेता शर्मन जोशी की फिल्म 'फौजी कॉलिंग' और अक्षय खन्ना ने भी 2021 में फिल्म लव स्ट्रीट की शूटिंग रांची व झारखंड लोकेशन में पूरी की है।

कुछ लोग फिल्म निर्माण को रोजगार सृजन के बड़े साधन बताते है, परन्तु विधि-व्यवस्था की समस्या के कारण इसको बढ़ावा नहीं मिलना खेदजनक है। कुछ लोग यह भी बताते है कि फिल्म निर्माण को बढ़ावा देने के लिए अनुदान दिया जाना चाहिए, ताकि फिल्म निर्माता आकर्षित हो सकें।

झारखंड में झारखण्ड फिल्म नीति 2015 लागू है। झारखंड सरकार फिल्म निर्माताओं को वित्तीय प्रोत्साहन और सब्सिडी देती है, जिसमें स्थानीय भाषाओं के फिल्म निर्माण लागत का अधिकतम 50 प्रतिशत एवं अन्य भाषाओं के फिल्म निर्माण में 25 प्रतिशत अनुदान दिया जाता है। इसके अतिरिक्त, झारखंड में शूटिंग के दिनों के आधार पर 1 करोड़ या 2 करोड़ रुपये का अनुदान मिल सकता है और स्थानीय कलाकारों को बढ़ावा देने के लिए भी प्रावधान हैं।

झारखण्ड फिल्म नीति 2015 के तहत झारखंड में शूटिंग के दिनों के आधार पर 1 करोड़ या 2 करोड़ रुपये का अनुदान मिल सकता है।

झारखंड फिल्म विकास निगम लिमिटेड झारखंड में फिल्म निर्माण को बढ़ावा देने वाला एक निकाय है, जो कंपनी अधिनियम के तहत स्थापित है और 2015 की फिल्म नीति के प्रभावी कार्यान्वयन के लिए जिम्मेदार है। इसके तहत फिल्में बनाने की प्रक्रिया को आसान बनाने के लिए एकल खिड़की समिति के रूप में कार्य करती है, जो एक ही जगह पर सभी आवश्यक अनुमतियां और सुविधाएं प्रदान करती है। इस सन्दर्भ में लोगों को जागरूक करने की आवश्यकता है।

झारखंड फिल्म विकास निगम लिमिटेड झारखंड में फिल्में बनाने की प्रक्रिया को आसान बनाने के लिए एकल खिड़की समिति के रूप में कार्य करती है।

इसके अलावा, फिल्मकारों को आकर्षित करने के लिए फिल्म सिटी का निर्माण किया जाना चाहिए जहाँ पर फिल्मों, टीवी शो और विज्ञापनों की शूटिंग के लिए सेट, स्टूडियो, पोस्ट-प्रोडक्शन यूनिट, और आउटडोर लोकेशन जैसी सभी ज़रूरी सुविधाएँ एक ही स्थान पर उपलब्ध होती हैं।

फिल्मकारों को आकर्षित करने के लिए झारखण्ड में भी फिल्म सिटी का निर्माण किया जा सकता है।

पर्यटन

पर्यटन राज्य के राजस्व संग्रहण के महत्वपूर्ण अवयवों में से एक है। पर्यटन करने सिर्फ राज्य के सैलानी ही पर्यटन स्थल पर नहीं पहुंचते अपितु पूरे भारत वर्ष से, यहां तक कि विदेशों से भी, सैलानी पर्यटन स्थल पर पहुंचते है। निःसंदेह, पर्यटन स्थल को लोक लुभावन बनाने के साथ-साथ आवागमन हेतु अच्छी सड़क, सुरक्षा हेतु सुदढ़ प्रशासन, परिवहन हेतु समुचित व्यवस्था के साथ-साथ ठहरने एवं खाने का भी उत्तम प्रबंध करने की आवश्यकता पड़ती है।

झारखण्ड जहां प्रकृत्ति की गोद पर बसा है, वहीं समृद्ध सांस्कृतिक धरोहर को भी सुशोभित करता है। झारखण्ड की सांस्कृतिक पर्यटन को कैसे बढ़ावा दिया जा सकता है?

झारखण्ड में कई खूबसूरत पर्यटन स्थल हैं। रांची में दशम जलप्रपात, हुंडरू जलप्रपात, टैगोर हिल, रॉक गार्डन, जगन्नाथ मंदिर, पहाड़ी मंदिर, और सूर्य मंदिर जैसे दर्शनीय स्थल हैं। जमशेदपुर में जूलॉजिकल पार्क, हुडको झील, प्राचीन भुवनेश्वर मंदिर, गोल पहाड़ी मंदिर और जुबली झील जैसे स्थान हैं। देवघर में बाबा बैद्यनाथ मंदिर एक प्रमुख तीर्थ स्थान है। हजारीबाग में खूबसूरत पहाड़ियां, झरने, और मंदिर हैं। नेतरहाट को झारखंड का शान कहा जाता है और यहां सूर्यास्त का खूबसूरत नजारा देखने के लिए लोग दूर-दूर से आते हैं। पतरातू घाटी हसीन वादियों और घुमावदार सड़कों के लिए प्रसिद्ध है। दसम जलप्रपात, हुंडरू जलप्रपात, जोन्हा जलप्रपात आदि रांची में अवस्थित है। रजरप्पा में छिन्नमस्तिका मंदिर है, जो एक शक्तिपीठ है। पारसनाथ जैनियों का पवित्र स्थान है। देवघर का बैद्यनाथ धाम 12 ज्योतिर्लिंगों में से एक है। दुमका का मलूटी एक ऐतिहासिक और धार्मिक महत्व का स्थान है। धनबाद का मैथन बांध एवं तोपचांची झील पिकनिक और पर्यटन के लिए जाने जाते हैं। बिरसा मुंडा संग्रहालय रांची में स्थित है और इसमें भगवान बिरसा मुंडा से जुड़ी जानकारी है। टैगोर हिल रांची में एक पहाड़ी है और यहां से शहर का खूबसूरत दृश्य दिखाई देता है। जूलॉजिकल पार्क जमशेदपुर में अवस्थित है और यहां विभिन्न प्रकार के जानवर देखे जा सकते हैं। जुबली झील यह जमशेदपुर में स्थित एक खूबसूरत झील है। बिरसा प्राणी उद्यान रांची में स्थित एक प्राणी उद्यान है। इसके अलावा झारखण्ड में अनेक पयर्टन स्थल हैं, जो सैलानियों को वृहद रूप से अपनी ओर खींचने की क्षमता रखते हैं।

झारखंड में पर्यटन को बढ़ावा देने वाली झारखंड पर्यटन विकास निगम लिमिटेड मुख्य सरकारी संस्था है, जिसकी स्थापना 2002 में हुई

थी, जो होटलों, सर्किटों और तीर्थयात्रा योजनाओं के माध्यम से पर्यटन को बढ़ावा देती है।

कुछ लोग मानते हैं कि संस्कृति को लोक लुभावन की वस्तु नहीं बनाया जाना चाहिए। ऐसा इसलिए, क्योंकि हम मेहमानों को रिझाकर धन इकट्ठा नहीं कर सकते। कई जगहों पर ऐसा देखा जाता है कि सांस्कृतिक नाच-गान दिखा कर मेहमानों को रिझाया जाता है, जो अच्छा नहीं लगता।

कुछ लोग यह भी मानते हैं कि हम अपनी संस्कृति से लोगों को तभी अवगत करा सकते हैं, जब हमारे सांस्कृतिक धरोहर से सैलानी अवगत हों। नाच-गान, खान-पान, वेश-भुषा आदि लोगों को अच्छे लगते हैं, इसका प्रचार-प्रसार होता है और इसकी आर्थिक महता भी बढ़ती है। इससे मार्केट का निर्माण होता है और वही जीवन यापन जुटाने का साधन भी बन जाता है।

कुछ लोग का मानना है कि सड़क निर्माण कराने के साथ-साथ सैलानियों की सुरक्षा अत्यन्त आवश्यक है। सड़क तो तेजी से बन रही है, परन्तु सैलानी अब भी कई पर्यटन स्थलों में अपने-आप को संध्या पहर में असुरक्षित महसूस करते है।

कुछ लोग यह भी मानते हैं कि कितनी भी पुलिस प्रशासन मुहैया करा दी जाए, जब तक स्थानीय लोग सुरक्षा की गारंटी न लें, तब तक इसमें सुधार नहीं हो सकता। और यह तभी हो सकता है, जब स्थानीय लोगों को लगने लगे कि सैलानियों के भ्रमण से उन्हें वित्तीय लाभ मिलता है, रोजगार के साधन जुड़ते हैं और घर-परिवार चलाना आसान होता है।

कुछ लोग मानते हैं कि जब तक पर्यटन स्थल को विकसित नहीं किया जाए, तब तक तरक्की संभव नहीं है। कुछ लोग सोचते है कि पर्यटन स्थल में सैलानी बढ़ेंगे तब उसे विकसित किया जाएगा, परन्तु वास्तविकता यह है कि उसके विकसित करने से ही सैलानियों की संख्या बढ़ेगी एवं आर्थिक संसाधन विकसित होंगे।

कुछ लोग मानते हैं कि कई सारे पर्यटन स्थल वीराने में अवस्थित हैं, जहां पर कोई व्यक्ति दुकान, होटल आदि नहीं खोलना चाहता; इसलिए, इसके लिए पहले प्रशासन को पहल करना चाहिए, ताकि धीरे-धीरे आम आदमी भी दुकान आदि खोलना प्रारंभ कर दे।

कुछ लोग यह भी सोचते हैं कि क्या सैलानियों को हमारी खान-पान पसंद आएंगे। क्या वे हमारा रहन सहन पसंद करेंगे। क्या वे हमारी वेश-भूषा अपनाएंगे।

झारखंड राज्य में सांस्कृतिक पर्यटन की अपार संभावनाएं हैं। हमारे पास प्राकृतिक सौंदर्य के साथ-साथ सांस्कृतिक धरोहर भी है, जिसे देश-विदेश और राज्य के अन्य भाग के सैलानियों को अवगत कराया जा सकता है। सांस्कृतिक पर्यटन को बढ़ावा देने के लिए 'सांस्कृतिक पर्यटन हब' का निर्माण कराया जाए। जहां पर खाना, पानी, रहना, ठहरना, ओढ़ना-बिछौना, रहन-सहन, फूस झोपड़ी आदि सभी व्यवस्था स्थानीय संस्कृति के मुताबिक हो। वहां पर सैलानी रात्री विश्राम करें-सुबह, दोपहर से लेकर रात तक के स्थानीय जीवन का आनन्द सहित लुफ्त उठायें। कला-संगीत, नाच-गान सभी का आनन्द उठावें तथा इस व्यवस्था का उपयोग करने हेतु सैलानियों से राजस्व वसूली की जाए। ऐसे झारखंडी जीवन व्यतित कर सैलानी झारखण्ड की संस्कृति से ओत-प्रोत हो सकेंगे, रोजगार बढ़ेंगे और सरकार की राजस्व बढ़ेगा।

सांस्कृतिक पर्यटन को बढ़ावा देने के लिए 'सांस्कृतिक पर्यटन हब' का निर्माण कराया जा सकता है।

झारखण्ड के महत्वपूर्ण पर्यटन स्थल पक्की सड़कों से जुड़ चुके है जिसके बारे में राज्य से बाहर के लोग आंशिक रूप से अवगत हैं। इसकी सम्पूर्ण जानकारी सोशल मीडिया का उपयोग कर लक्षित वर्ग तक पहुंचाया जा सकता है।

सोशल मीडिया का उपयोग कर पक्की सड़कों से जुड़ चुके पर्यटन स्थल की जानकारी सैलानियों को दी जा सकती है।

यह आवश्यक है कि स्थानीय पुलिस प्रशासन की चुस्ती बढे और लोगों का विश्वास बढ़ाने के लिए पुलिस-प्रशासन कार्य करे। स्थानीय लोगों को विश्वास दिलाया जाए कि इसके परिवहन, खान-पान, रहने-ठहरने के साधन आदि से आर्थिक तरक्की होगी और उन्हें रोजगार के साधन प्राप्त होंगे। इसके लिए पुलिस प्रशासन अपने चुस्त दुरुस्त कार्य प्रणाली को सोशल मीडिया के माध्यम से सैलानियों को अवगत करा सकता है।

पुलिस प्रशासन अपने चुस्त दुरुस्त कार्य प्रणाली को सोशल मीडिया के माध्यम से सैलानियों को अवगत करा सकता है।

पर्यटन को बढ़ावा देने के लिए स्थानीय पर्यटन विकास कार्यक्रम के तहत हर छोटे-बड़े पर्यटन स्थलों का जीर्णोद्धार करके उसका प्रबंधन स्थानीय पंचायत प्रतिनिधियों को सौप दिया जाना चाहिए।

स्थानीय पर्यटन विकास कार्यक्रम के तहत हर छोटे-बड़े पर्यटन स्थलों का जीर्णोद्धार करके उसका प्रबंधन स्थानीय पंचायत प्रतिनिधियों को सौपा जा सकता है।

सूचना प्रसार

सरकार विकास के नाम पर अरबों खर्च करती है। ग्रामीण क्षेत्र में भी विकास हो रहा है, सड़क बन रहे है, पुल-पुलिया बन रहे है, कौशल विकास हो रहा है, रोजगार के साधन बन रहें है। बहुत संख्या में लोग विकास का लाभ ले रहें है अपितु विकास क्षेत्र के बाहर इसकी जानकारी नहीं पहुंचने के कारण आम लोगों को जानकारी नही हो पाती है कि

वास्तव में विकास कार्य किए जा रहें हैं, लोग सरकार की योजनाओं का लाभ उठा रहे हैं। ग्रामीणों की जीवन शैली सुधर रही है, प्रति व्यक्ति आय में वृद्धि हो रही है।

सूचना प्रसार कैसे हो कि आम लोगों तक सरकार के द्वारा किए जा रहे विकास की बात पहुंचे। लोग जान सके कि योजनाओं से वास्तविक लाभ हो रहा है?

प्रचार प्रसार के कई साधन हैं, जिनमें दृश्य-श्रव्य माध्यम, कला और साहित्य और सोशल मीडिया शामिल हैं। दृश्य-श्रव्य माध्यम के रूप में टीवी, रेडियो, सिनेमा आदि लोगों तक सूचना और विचार पहुंचाने का एक शक्तिशाली तरीका है। इंटरनेट वेबसाइट, ब्लॉग, सोशल मीडिया और ऑनलाइन वीडियो जैसे माध्यमों के जरिए प्रचार प्रसार किया जा सकता है। वृत्तचित्र, विज्ञापन, गीत, समाचार, चर्चा ये सभी माध्यम लोगों को किसी विशेष विषय या उत्पाद के बारे में जानकारी देने और उन्हें प्रभावित करने के लिए उपयोग किए जाते हैं। कला और साहित्य के रूप में चित्र, पोस्टर, पर्चे, नाटक, ललित कला, कॉमिक्स, समाचार पत्र, पत्रिका ये माध्यम लोगों को आकर्षित करने और संदेश पहुंचाने के लिए उपयोग किया जा सकता हैं। सोशल मीडिया के रूप में फेसबुक, ट्विटर, इंस्टाग्राम, यूट्यूब ये प्लेटफार्म लोगों को जानकारी साझा करने, विचार विमर्श करने और किसी विशेष विषय पर अपनी राय व्यक्त करने का एक शक्तिशाली मंच प्रदान करते हैं।

कुछ लोग मानते हैं कि बोलने से ज्यादा करने की जरूरत है। सरकार को बिना बोले काम करना चाहिए। अपने प्रचार प्रसार में जन-धन बर्बाद नहीं होना चाहिए।

कुछ लोग यह भी मानते हैं सरकार को बोलने की आवश्यकता नहीं है; इसके लिए मीडिया काफी है। लोग सुबह-सुबह अखबार पढ़ते है, जिससे विकास की जानकारी हो जाती है। सोशल मीडिया से भी बहुत

हद तक जानकारी प्राप्त हो जाती है। इसलिए विशेष खर्च से बचने की जरूरत है।

कुछ लोग यह मानते हैं कि प्रचार-प्रसार आवश्यक है, ताकि इससे अन्य राज्यों की तुलना में अपनी प्रगति के आकलन का मौका मिलता है।

प्रचार प्रसार का क्या साधन होना चाहिए, इसके बारे में कुछ लोग बताते हैं कि अखबार मैगजीन के साथ-साथ इलेक्ट्रोनिक मीडिया से प्रचार-प्रसार करना चाहिए। सड़क के किनारे बोर्ड, होर्डिंग लगाने से ध्यान विकेन्द्रित होने की संभावना भी बनी रहती है, जिससे दुर्घटना का सम्भावना भी बन जाती है।

कुछ लोग बताते हैं कि रेडियों का साधन बहुतायत में लोग उपयोग में नहीं ला रहें है; इसे बढ़ावा देते हुए आधुनिक तकनीक अपनाकर रेडियो के माध्यम से प्रचार-प्रसार किया जाना चाहिए।

प्रचार प्रसार ऐसा होना चाहिए, जिससे लगे कि वह सत्य के करीब हैं और केन्द्र पटल पर तुलनात्मक ढंग से दिखाई दे रही है कि झारखण्ड में भी विकास कार्य समाज के अंतिम पायदान के लोगों तक पहुंच रहीं है। इसके लिए आवश्यक होगा-सफलता की कहानी रचने की। सक्सेस स्टोरी के माध्यम से इलेक्ट्रॉनिक मीडिया में रखने की। सोशल मीडिया में प्रस्तुत करने की। 'सक्सेस स्टोरी' तैयार करते समय यह ध्यान दिया जाना चाहिए कि पूर्व की स्थिति रिकॉर्ड की जाए और योजना के क्रियान्वयन के उपरांत की स्थिति रिकार्ड की जाए, जिससे यह पता चल सके कि वास्तव में योजनाओं के आने से लोगो के जीवन में सुधार आया है।

सक्सेस स्टोरी के माध्यम से विकास की सफलता की कहानी रचकर सोशल मीडिया के माध्यम से आम लोगों तक पहुँचाया जा सकता है।

इसके अलावा, योजनाओं के क्रियान्वयन से पूर्व एवं योजनाओं के शुरुआत करने के बाद, योजनाओं के बारे में विस्तृत जानकारी साप्ताहिक ग्राम चौपाल के माध्यम से ग्रामीण तक पहुंचना चाहिए। स्थानीय कला एवं स्थानीय कलाकार की सूची पूर्व से तैयार हो और स्थानीय प्रतिभा के माध्यम से योजनाओं की विस्तृत जानकारी ग्रामीणों तक पहुंचे।

साप्ताहिक ग्राम चौपाल में स्थानीय कला एवं कलाकार के द्वारा योजनाओं की विस्तृत जानकारी ग्रामीणों को दिया जा सकता है।

लोगों को जानकारी देने के लिए सोशल मीडिया एक सशक्त साधन है जहाँ पर विकास के साथ-साथ अपनी सांस्कृतिक धरोहर से भी अवगत कराया जा सकता है। झारखण्ड प्रकृति के गोद में बसा है जिसकी सुंदरता का बखान उसका फिल्मांकन कर किया जा सकता है। जरुरत है झारखण्ड के प्रकृति को कैमरे में कैद करने की तथा सोशल मीडिया के माध्यम से लोगों तक पहुंचाने की।

लोगों को प्रकृति की सुंदरता का बखान कैमरे में कैद कर सोशल मीडिया के माध्यम से किया जा सकता है।

संक्षेप में

फिल्म निर्माण

झारखंड भी प्राकृतिक सौंदर्य के लिए जाना जाता है। यहां फिल्म शूटिंग के लिए कई स्थान अति लोकप्रिय हैं, जो अपनी प्राकृतिक सुंदरता, ऐतिहासिक स्थानों और बेहतर मौसम के कारण फिल्म निर्माताओं को आकर्षित करते रहे हैं। झारखंड में झारखण्ड फिल्म नीति 2015 लागू है, इसके प्रभावी कार्यान्वयन का निकाय झारखंड फिल्म विकास निगम लिमिटेड है, जो फिल्में बनाने की प्रक्रिया को आसान बनाने के लिए एकल खिड़की समिति के रूप में कार्य करती है एवं एक ही जगह पर सभी आवश्यक अनुमतियां और सुविधाएं प्रदान करती है। इस सन्दर्भ में लोगों को जागरूक करने की आवश्यकता है। फिल्मकारों को आकर्षित करने के लिए फिल्म सिटी का निर्माण किया जाना चाहिए जहाँ पर फिल्मों, टीवी शो और विज्ञापनों की शूटिंग के लिए सेट, स्टूडियो, पोस्ट-प्रोडक्शन यूनिट,और आउटडोर लोकेशन जैसी सभी ज़रूरी सुविधाएँ एक ही स्थान पर उपलब्ध होती हैं।

पर्यटन

सांस्कृतिक पर्यटन का बढ़ावा देने के लिए 'सांस्कृतिक पर्यटन हब' का निर्माण कराया जाए। जहां पर सैलानी रात्री विश्राम करे-सुबह, दोपहर, से लेकर रात तक के स्थानीय जीवन का आनन्द सहित लुफ्त उठायें। कला-संगीत, नाच-गान सभी का आनन्द उठावें तथा इस व्यवस्था का उपयोग करने हेतु सैलानियों से राजस्व वसूली की जाए। कुछ पर्यटन स्थल को पक्की सड़क से जोड़कर स्थानीय पर्यटन विकास कार्यक्रम की शुरुआत करके हर छोटे-बड़े पर्यटन स्थलों का जीर्णोद्धार करे एवं उसका प्रबंधन स्थानीय पंचायत प्रतिनिधियों को सौपा जाय। स्थानीय पुलिस प्रशासन स्थानीय लोगों को विश्वास बढ़ाने के लिए कार्य करे।

सूचना प्रसार

प्रचार प्रसार ऐसा होना चाहिए, जिससे लगे कि वह सत्य के करीब है और केन्द्र पटल पर तुलनात्मक ढंग से दिखाई दे कि झारखण्ड में भी विकास कार्य समाज के अंतिम पायदान के लोगों तक पहुंच रहा है। इसके लिए सक्सेस स्टोरी के माध्यम से विभिन्न मीडिया में रखते हुए लाभुक के पूर्व की स्थिति रिकॉर्ड की जाए और योजना के क्रियान्वयन के उपरांत की स्थिति रिकार्ड की जाए, जिससे यह पता चल सके कि वास्तव में योजनाओं के आने से लोगो के जीवन में सुधार आया है। इसके अलावा, साप्ताहिक ग्राम चौपाल के माध्यम से, स्थानीय कला एवं स्थानीय कलाकार की सूची पूर्व से तैयार कर उनके माध्यम से योजनाओं की विस्तृत जानकारी दी जा सके।